革命のつくり方

台湾ひまわり運動——対抗運動の創造性

Minato, Chihiro
港 千尋

インスクリプト
INSCRIPT Inc.

TooL Box
文化大學
簽到區
野青社

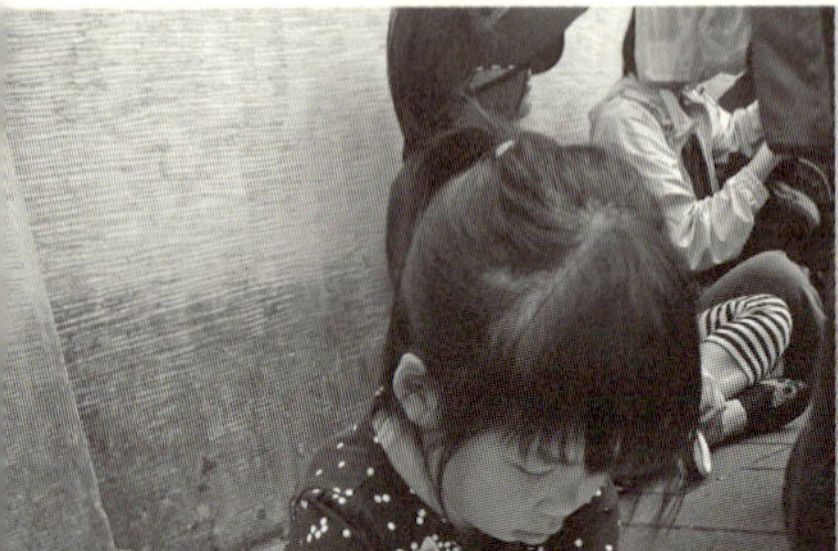

革命のつくり方

台湾ひまわり運動——対抗運動の創造性

〔目次〕

国会占拠、その背景 11

第I部 時代の声

01 群衆の議会 24
02 群衆の反乱 29
03 もうひとつのパーラメント 61
04 創造されるデモクラシー 82

第II部 革命のつくり方

01 黒箱 98
02 議会 106
03 ひまわり 114
04 身体性 120
05 配置図 128
06 診療部 132
07 翻訳部 136

08 非常通路 142

09 教室 146

10 交通標識 150

11 具体性 156

12 結び目 160

13 サプライ 166

14 都市の模型 170

15 歌 176

16 中継 184

17 意見 188

18 写真 194

19 版画 198

20 絡まり 204

21 報民 208

ひまわり運動タイムライン 218

謝辞 236

国会占拠、その背景

二〇一四年三月一八日、台湾の首都台北にある「立法院」の議場に、一群の若者たちが侵入した。日本の国会議事堂にあたる国の最高立法機関は、以後五八五時間にわたり占拠され、シンボルとなったヒマワリの花にちなんで「太陽花運動」（ひまわり学生運動）と呼ばれるようになる。中国との経済協定「サービス貿易協定」をめぐる、国会における審議の一方的な打ち切りに怒りを爆発させた若者たちは、独自の方法で占拠を続けながら、政府にたいして要求をつきつけた。

協議が密室で行われないように監督条例を整備すること、それが法制化されるまではサービス貿易協定の審議を行わないこと。三月三〇日には台北市を中心に各都市で大規模な集会が開かれ、学生とこれを支持する市民の抗議は最高潮に達した。四月六日、立法院の王金平院長は学生側の要求に応じると表明し、学生側に議場から撤退するよう呼びかけた。学生側はこの提案を受け入れ、四月一〇日学生たちは立法院の議場から退去した。

前代未聞の出来事であるが、この太陽花運動の背景には東アジア地域包括的経済連携（RCEP）や、環太平洋戦略的経済連携協定（TPP）などに繋がる、自由貿易拡大をめぐる経済問題、台湾と中国の関係をめぐる政治問題、さらに高度情報化社会のセキュリティ問題から、二〇一一年以降世界的に顕著になった代議制に対する批判とデモや占拠による抗議活動といった、同時代のいくつもの問題が複雑に絡み合っており、台湾に特殊な要因と現代世界に共通する要因が混在している。とうてい一筋縄ではゆかない込み入った現況を分析するのは本書の目的ではない。だが異なる種類、異なるレベルの事象が「絡み合う」ことは、きわめて今日的で興味深い現象である。ひとつの例として、ここでは「貿易協定」がどのようにしてこれら複数の同時代的問題群の網の目にあるのかを、概観しておきたい。

中国は二〇一三年の六月に「両岸サービス貿易協定」を締結した。中国語では「両岸服務貿易協定」なので、短縮して「服貿協定」と呼ぶことが多い。もともとこの協定には世論の反対が強く、翌七月には「黒箱」反対の抗議が起きたが、立法院では本格的な審議が行われていなかった（その代わり後述するように公聴会が開かれてきた）。ところが二〇一四年三月一七日、議会で多数を占める国民党の立法委員らが、審議を強引に打ち切り、「審議を通過し本会議へ送付された」と一方的に主張したのである。数の力を頼んで審議を強行する暴挙は日本でも同様のことが起きているが、台北ではこれに強く反発した学生らがただちに立法院周辺でデモを展開し、審議の打ち切りを批判したのだった。

このデモの最中に学生グループが立法院に侵入したのが占拠のきっかけである。学生らは馬英九総統や江宜樺行政院院長にたいし、彼らを強制的な審議打ち切りの責任者として謝罪を求めたが、総統府側はこれを突っぱねて、国会に侵入した彼らを単なる暴徒と扱ったところから、逆に学生らの反感を強めることになる。二三日夜、行政院へ侵入しようとした学生らを警察側が強制排除し、これが流血の惨事となったため占拠は長期化することになった。

ここでまず問題になるのは、「協議」や「協定」といった言葉をどう理解するかである。言うまでもなく台湾と中国の関係は特殊であり、経済協定の場合もそうである。たとえば海峡をはさんだ二国間の間で、政府が直接交渉するわけではない。それぞれの協議は双方の代理機関である、台湾の「財團法人海峡交流基金會」と中国の「海峡兩岸關係協會」が行う。両方とも一般的には耳慣れない名称だが「基金会」や「協会」という機関が、直接的には二〇一〇年に発効した「両岸経済協力枠組協議」につづき、物品やサービスの貿易についても協定をつくるために協議を続けてきたのである。

さらに理解しておかなければならない特殊事情は、「両岸協議」と言ってもそれは通常の二国間におけるものとは違うことである。台湾では中国との関係は海峡を挟んだ「両岸関係」と呼ばれるが、この言い方の妙は双方の関係を「大陸」と「台湾」という二つの異なる地理的区分、二国ではなく二つの「地区」の関係と表現することにある。いっぽう中国のほうでは香港やマカオとの関係と同じように、台湾との関係を特殊な「国内関係」と考える。すでにこの段階で二つの見方があるわけだが、現実的には台湾の「香港化」への憂慮や反発に配慮して、国際でもなければ国内でもない「特殊な関係」、「特殊な状態」とする第三の見方も存在している。

また「協議」が政治的にどのような性格のものなのかが分からないと、なぜ学生らが国会を占拠したのか、なぜ政府を批判し要求を出すのか意味がわからなくなる。条約の場合は当然立法院での批准が必要になるが、協議はそうではない。立法院がこれを拒否しない、あるいは修正を加えるべきだと議決しない場合は、自動的に発効するのである。ここが特に重要な点で、立法院を占拠した学生らは、協議の自動成立という条件自体を問題視し、これを条約と同じレベルでの批准を必要とするべく条例の制定を求めている。言い換えれば立法院による監督の強化をもとめているわけであり、これが「両岸協議監督条例」の制定という具体的な要求となっているわけである。つまり学生らの占拠は議会政治を否定しているわけではなく、むしろ立法院に彼らが考える正当な権限を付すように求めているのである。「学生による議会の占拠」と聞くと無政府主義なのかと勘違いされる危険があるが、まったくそうではない。少なくとも学生らの要求は両岸協議についての、きわめて具体的かつ常識的に理解できる内容を持っていると言える。

二番目に理解しておかなければならないのは、以上のような状況を背景にして、現政権が両岸協定をできるだけ短期間で成立させようと急いでいたということである。ここで馬総統と立法院の院長である王金平との反目が、重要性を帯びてくる。馬英九政権のほうは中国との関係の改善のために、協定を成立させたい。だが政権発足後から王金平立法院長はこれに批判的だった。それは上述したような立法院における「協議」成立条件の特殊事情があるからである。国民党のほうは審議の短縮をはかるとともに公聴会の開催を進めたが、野党民進党からは開催回数や内容について大きな批判が出ていた。審議と公聴会の進め方に問題があったと言わざるをえないが、すでに三月上旬の時点で立法院内部には審議の進め方に関する激しい対立が起きていたのである。

三月一七日に予定されていた立法院内政委員会などの合同委員会で、民進党側はこれに対抗するために別の会議を開催しようとしたため混乱が起きた。会議の開催には当然のことだが、開催の宣言がなければならない。ところが議場が混乱したために、内政委員会の招集人である張慶忠は議長席に着くことができず、開催宣言ができない。開催できなければ、審議は行われないし、強行採決もできないことになる。

ここで奇妙なことが起きる。議長席に着けない委員会招集人は自ら持参したマイクロフォンを取り出し、議場全体に向けて協定は審議されたものとし、本会議に送付すると宣言したのである。当然野党側はこの発言を批判し、審議は行われずしたがって本会議への送付も否定した（そもそも会議の成立自体が認められないのだから、発言自体は議事録には記されなかった）。それにもかかわらず、立法でも行政でも多数を占める与党は審議を打ち切りとしたわけだから、学生や市民が民主主義の危機だと感じたのも無理はない。学生らのデモがただちに起きたのは、むしろ当然の反応と言うべきであろう。

以上のような「審議打ち切り」の顚末は些末なことに見えるかもしれないが、個人的にはむしろここにこそ代表制民主主義を考えるために、重要な点があると思う。細部が重要なのである。

この招集人が取り出したマイクロフォンは議会に備えられているわけではなく、個人的に用意したものであったという。すると、こういうことが考えられる。議場が混乱すれば議長席のマイクを使えないことを知っていた彼は、あらかじめ拡声用にマイクを持って議会に臨んでいたのだろう。これは代表制民主主義が成立している、空間の具体性を示している。議会の開催を宣言する人とその身体的な移動、その人の発声を可能にする配置、声を拡大するためのメディアの存在……といった空間と身体の条件を招集人は彼なりに理解した。拡声用のメディアを使うことによって例外的な状況を有利に使用すること、それ自体はひとつの工夫である。彼は法の空間を彼なりに調整し、その上で審議の打ち切りを宣言したのだった。それはたった一人の人間による行為だが、民主主義的に選ばれた「代表」

の一人による、代表された国民にたいする裏切りの行為であった。

本書で詳しく扱う学生の占拠とは、ある意味でこの招集人の行為が集団的に裏返されたものととらえることができないだろうか。招集人はマイクを用いて、審議されていないのに審議されたという発言を行った。彼は立法の空間を、超法規的に利用したのである。この行為のなかに民主主義の危機を見てとった学生らは、やはり立法の空間を超法規的に利用して、立法院にその本来の権限を返すように訴えたわけである。立法委員も学生もひとりの人間としては、同じように声を持つ。その声がどこにどのようにして配置されるかによって、法の空間は変容するのである。

三つ目の重要な点は今回の協定が、「サービス貿易」と呼ばれている通り、物品の自由貿易とは違って、投資や労働者の自由な移動を引き起こすということである。中国企業の大々的な進出により台湾の中小企業が圧迫されるのではないか、逆に台湾企業が大陸へ進出することによって、台湾自体の産業が空洞化するのではないかという連想が働くのは当然である。学生らも当初は、卒業後の彼らの就職やキャリアに大きな影響を与える問題だという認識を明確に述べていた。直接自分たちの将来に関わると考えていたのである。だがそれはいまに始まったものではない。日本と同じく貿易によって立つ島国にとって自由貿易とは、永遠について回るリスクの別名にほかならない。だからこそ、政府は時間をかけて国民や企業に説明をしなければならない責任を負っているのである。

これをグローバル経済下における世界共通の問題だとすれば、両岸関係に特殊な問題も存在する。それは中国における言論、表現、通信、プライバシーなどに対する規制が、自由貿易の名において「輸入」されるのではないかという危惧である。特に報道、出版、映画などの映像や芸術分野に関して、検閲や規制のレベルが中国と同じように適用されることにでもなれば、台湾の歴史自体が逆戻りすることにもなりかねない。通信についても同様で、情報通信網に関わる産業やサービス全般に関して、盗聴やデータの流出といったリスクが予想される。それはアメリカによる欧米の政治家の携帯電話の盗聴や、逆にアメリカ政府へのサイバー攻撃が顕在化する世の中では、むしろ自然な怖れと言うべきだろう。サービス貿易は、モノの貿易とは性格の異なるリスクをはらんでいるが、言論や表現の自由、プライバシーの保護についてとりわけ敏感な大学、教育関係、文化産業全般が、政府に慎重さを求めるのは当然であろう。

この点に関して、王金平院長の電話をはじめ立法委員が、最高検察によって盗聴されていたことが明るみに出た事件が二〇一三年九月にあった。盗聴記録にあった情報を元に馬英九総統が王金平院長に立法委員の辞任を迫ったことから、現政権下における盗聴の実態が明るみに出てしまったのである。だがこの事件はそれでは収まらず、辞任を拒否した王金平院長に対して、国民党は党籍を剝奪するという事態にまで発展し、院長にとっては政治生命の危機に及ぶ事件となったのだった。

議場を占拠した学生に対し、王金平院長が最後まで理解を示した背景には、この問題がある。ちなみに党籍剝奪は地裁で闘争が続いており、その一審の判決が下ったのは立法院占拠の翌日だった。判決は院長の党員資格を認めるものだったが、もしそうでなかったならば院長の影響力低下は免れなかっただろう。もしかすると総統府の命令で、同日にも立法院の学生は強制排除され「ひまわり運動」という名前さえ生まれていなかったかもしれない。

冒頭で述べた、占拠の背景にある複雑な「絡み合い」というのは、英語に翻訳するならばエンタングルメントという言葉が相応しいだろう。ひとつの問題を辿ってゆくと、それがレベルを超えて、他の複数の問題と繋がってしまっており、それらを個々に扱うことができないという状態である。ひとつの論点を引っ張ろうとすると、すべてが引き出されてきてしまう。私有マイクで審議の打ち切りを宣言する声と、盗聴された電話の声は、些末な問題ではない。後述するように、これらは共に立法の空間における声と身体性のコンフィギュレーションとして扱う必要がある。いっぽうでそれは個人の身体の布置の問題だが、他方の端は中国が中心となる「東アジア地域包括的経済連携」やアメリカ中心の「環太平洋戦略的経済連携協定」へと繋がる。占拠された都市空間に響く学生や市民らの「声」を、これらの声との関係において聞き取ることは、大切である。それは個と世界がどのように相互的に力を及ぼしあうかを、具体的に考えることである。

第I部 時代の声

Democracy at 4 am

M[illegible]g without YOU is a dwindled dawn.

This a[illegible]urchased with donations from 3,621 Taiwa[illegible]

At 4am on Ma[illegible]h 19th, 2014, 400 students occupied the Legis[illegible] in Taiwan to protest the Service Trade Ag[illegible] with China. The Agreement raises national [illegible]plications and poses major risks to Taiwan's e[illegible]ver 10,000 students have joined the protests in peaceful sit-ins, galvanized by strong opposition [illegible]ernment's secret negotiations and handling o[illegible]ment. The Agreement was rushed thr[illegible]egislature without an item-by-item re[illegible] originally envisaged in an inter-party [illegible] The "anti-black box protests" rejects the g[illegible]'s lack of transparency and responsivene[illegible] the people's concerns. The occupation of the L[illegible]islative Yuan has become a people's movement to wrest power back to the people. Professors, musicians, lawyers, doctors and tens of thousands of people from all walks of life have joined the protests in support.

After the President and ruling party failed to respond, the students expanded their protest at 4am on March 24th. The authorities sent police to remove the peaceful protesters with batons, riot shields, belts and water cannons, beating them into submission. Police brutality resulted in multiple injuries to the protesters, who only had their bodies to shield themselves. The media, too, were removed from the scene.

One single Agreement has plunged Taiwan's democracy back into the darkest hour of the night. All protesters and supporters of Taiwan's democracy are unified in their resolve not to rest and not to give way. We will safeguard the bedrock of Taiwan's democracy – that the government must be transparent and responsive to the people's interests.

Taiwan needs your attention and support. Today, we ask you to join us, and hundreds of thousands of supporters from over 50 cities, in support of basic democratic values.

We invite you to www.4am.tw. See the event firsthand through citizens' eyes. Support us by leaving a message for us with a photo of you and a sunflower. 4am may appear to be a dark hour, but we believe that as more people awaken to the truth, the sunrise of democracy will not be far away.

4am.tw

Sponsored by 3621 Taiwanese citizens

01 群衆の議会

国会が学生によって占拠されたのは中華民国史上初めてのことである。もちろん現代史において、かくも長期にわたり国会を若者が占拠した事例は稀である。わたしはこの驚くべき事態を目の当たりにして、そこに革命の可能性を感じた。革命の革命的なつくり方を見たように感じたのである。

だが革命をつくることはできるのだろうか。

この問いにはすでに、答えの一部が含まれている。「つくる」という表現である。ふつう革命は、起きると表現される。歴史書の記述でも、「市民革命が起きた」と書かれるのであり、「市民革命がつくられた」とは言わない。革命はどうやって起きたのだろうか、それに答えるために歴史学はある。

革命が起きるときは、革命がつくられるときだ。それをひとつの具体例をとおして考えてみたい。つくるという言葉には、日本語で「作る」「創る」「造る」というように、いくつかの書き方がある。それぞれ微妙な違いを含んでいるが、人間の活動としては共通して、何らかの方法をつかってモノや状態を生み出すことを意味している。また新しい方法それ自体を生み出すことも、つくることに含まれる。モノを作り出すことを積み重ねながら、人間は方法をつくりだしてきた。新しいモノを作り出すことには失敗がつきものだが、方法が見つかると見通しが立てやすくなる。人間の文化的な歴史の中軸にあるモノの歴史とは、すなわちつくり方の歴史だろう。

「太陽花運動」の独自性はここにある。学生運動として始まり、多数の市民を動員して展開したこの運動は、言葉の本来の意味では、革命ではない。政府を転覆しようとしたものでもなく、権力を奪取しようとしたわけでもない。一九八九年の東欧で連続的に起きた革命、あるいは二〇一一年に中東で起き、今日では「アラブの春」と呼ばれている革命は、フランス革命やロシア革命と同じ意味において、革命である。時の権力に抵抗し、反乱を起こし、最終的に政権を転覆させて、新しい時代を開いた。

二〇一四年の春に台北で起きたのは、これら歴史上の事件のどれにも似ていない。政権を批判し、これに抵抗したことは事実だが、それ以上のことは起きていない。時代背景や社会条件の違いだけでなく、そもそも目的が異なるからである。にもかかわらず「太陽花運動」を革命という言葉によって考える理由は、それがつくり方を示し、実行し、成功したからである。

最初のふたつについては、説明を要しないだろう。では何をもって成功した、と言えるだろうか。歴史上の革命との大きな違いは、まさにそこにある。それは非暴力である。後述するように暴力を最小限に抑えた抵抗運動は例外的ではないが、しかし犠牲者をひとりも出すことなく、学生が国会を三週間以上にわたって占拠したという例はおそらく歴史的にも稀だろう。それを可能にしたのは究極的には感覚と情動の共有にあったとわたしは考えているが、歴史的な位置づけなしに本当の理由を解明することはできまい。

ただ歴史的な位置づけはまだ先のことになるはずである。というのも学生たちが立法院から出た時に宣言したように、運動はまだ終わっていないからであり、事実その後の展開に運動の本当の成果が出始めているからである。そのひとつは第四原発（台湾では通称「核四」と呼ばれている）の建設を市民の要求によって凍結したことである。

したがって以下の文章の目的は、まず運動のオリジナリティを記録するとともに、われわれがこれまで「群衆論」として考察してきた人間の創造性を、そのなかに見出すことにある。

この点で冒頭に掲げた太陽花運動の要約は、群衆現象が歴史化されるときの問題点を表している。群衆が為したことを描くためには、その全体を把握しなければならない。それを歴史的なコンテキストのなかに位置づけようとすると、具体的に起きたことは捨象される。だが群衆の側から見たときに、捨象されるべきことはひとつもない。すべての声、すべての会話、すべての身ぶり、すべてのモノは、現象のうちにしかるべき場所をもち、無駄になることはひとつもないからである。実際、革命とはそのような現象をさす。人もモノも言葉も音も、そのあらゆる細部が意味をもち、その意味を同時に変えることが、革命において起きることである。

この問題点をふまえながら、本書はまず太陽花運動が同時代と共有しているコンテキストを概観するとともに、そこで生まれた人間、モノ、言葉の関係のディテールを、写真をつうじて記録しようと思う。運動は動き続けている限り、自ら全体を描くことはない。むしろいくつもの細部をレンズにして、いまだ輪郭のない群衆の姿を投射してみたい。それはイメージによるマイクロヒストリーの試みになるかもしれない。

02 群衆の反乱

人間には個人に記憶があるように、集団にも記憶がある。社会性動物としての人間にとって、個人の記憶と集団の記憶は切り離すことが困難であり、古代の神話から現代の映画までこの関係を扱った作品は、まさに枚挙にいとまがない。革命の記憶もまた然りであり、それに参加した個人の記憶は、社会的な記憶のさまざまな方法と相互に影響しあって、集団の記憶をつくり上げている。社会運動が群衆を形成するときに重要な役割を果たすのも、この記憶である。

二〇一四年の立法院占拠を、それ以前に起きた社会運動の系譜のなかに置いてみたとき、まず取り上げられるのは二〇一一年以降世界各地で同時多発的に起きた占拠運動だろう。ニューヨークのウォールストリート、マドリードのプエルタ・デル・ソル、カイロのタハリール広場……「占拠」が合言葉となって拡大したこれらの運動は、主に経済格差への反動から起こされたものである。ウォールストリートのように強制的に終了させられた場合もあれば、エジプトのように、それが政権をひっくり返す政治革命に転化したものもあるが、これらの運動自体もそれ以前にあったさまざまな運動の系譜のなかにある。

一九六八年パリの五月革命とそれによって引き起こされた全世界的な反乱も当然その系譜に連なるものだが、太陽花運動に参加した学生の多くは一九九〇年代生まれである。やはり一九八〇年代後半の戒厳令の終わりと、一九九〇年代初めの学生運動あたりが、まず視野に入ってくる背景である。したがってここでは一九八〇年代以降の世界の変動を、私自身の経験も交えながらごく簡単に概観しておきたい。この時代を特徴づけるキーワードのひとつはグローバル化である。そこで視点を東アジアではなく、そこからもっとも遠い地点にあるブラジルに移して、群衆論につらなるもうひとつの世界地図を描いてみたい(1)。

一九八二年二月ブラジルで、ブラジル労働者党が正式に政党として登録された。ブラジル労働者党は軍政下の一九八〇年、労働運動家や知識人が結集して結成されたが、その中心人物がルイス・イナシオ・ルーラ・ダ・シルヴァ、後にブラジル第三五代大統領となったルーラである。一九八二年七月に複数政党制が実現すると、労働者党はさっそく当時サンベルナルド金属労組の委員長だったルーラを党首に選出して、選挙運動を開始した。わたしはサンパウロに滞在していたため、誕生したばかりの労働者党の集会やデモに出かけては写真を撮影していたのである。

一九八二年の南米は特別な年だった。その年のはじめに起きたマルビナス戦争（フォークランド戦争）の影響で交戦国のアルゼンチンだけでなく、南米の国々全体に動揺が起きていたからである。アルゼンチンがハイパーインフレに突入し、経済危機は連鎖的にメキシコ、ブラジルと、南米の大国へ飛び火して、同年一一月にはブラジルも債務問題でＩＭＦに金融支援を要請した。このような状況のなかで、長く軍事政権下で政治活動や労働運動が厳しく禁じられていたブラジルが、複数政党制へ移行したことの意味は、歴史的転換とすら言いうる変化だった。しかしサンパウロ州知事選に出馬したルーラは落選、同年の国会選挙での労働者党の得票率は三・五％、下院議員八人を獲得したに過ぎなかった。

だが私がブラジル労働者党に興味を持ったのは、ルーラのためではない。むし

(1)　二〇世紀の群衆とイメージについては、拙著『群衆論』（リブロポート、一九九〇／ちくま学芸文庫、二〇〇二）で詳しく扱った。

ろ結成当時に参加していた他の人物たちの名前だった。当時すでに高齢だったが、いずれも政治史よりはアート、文学、歴史の分野で有名な作家が名を連ねていたのである。そのひとりマリオ・ペドローサはブラジルのモダンアートの中心人物で、現代アートにとって重要な名前である。サンパウロ近代美術館やリオデジャネイロ近代美術館の開館に尽力し、サンパウロビエンナーレを支援し、第二回目にはキュレータを務めた。ペドローサ自身も詩を書き、積極的に美術批評を行い

TRABALHO
TERRA
LIBERDADE
PT
PERDIZES
MARIA
CRISTINA
DIAS
(TITA)
Nº 3132
DEP
VICENTE
TREVAS

ながら、シュルレアリスムをブラジルに紹介し、生涯、美術と政治の両面で活躍した。労働者党が正式に政党として登録された時、最初に党員証を渡されたのは、このペドローサをはじめ文学者のアントニオ・カンディード、歴史家のセルジオ・ブラルキ・ジ・ホランダ(2)だった。詩や演劇、美術や映画を語る声が、政党の誕生に必要不可欠であったということであろう。

大国ブラジルの政権与党となった今日の労働者党が、この誕生時に響いた声を

HERCULES CORRE
ALVES DE BRITO
NOEL
PMDB
MIRO

どれだけ意識しているかはわからない。だがここには一九九〇年代後半になって世界化する社会運動に、特殊なエネルギーを与えるブラジル的政治参加の萌芽が認められる。アンドレ・ブルトンをはじめとするシュルレアリスム期のテキストを翻訳し、バンジャマン・ペレと交流しながら批評と政治活動を並行して行ってきた人物と、それをとりまく芸術家や文化人の集まりが結成時に大きな力を持ったことは、その後のブラジルにおける運動にとって潜在する記憶となったはずである。

以降労働者党の運動は、ブラジル各地に拡がっていったが、それらの中で南部の都市が果たした役割は重要である。たとえばグローバリゼーションのオルタナティヴを標榜する「世界社会フォーラム」の、最初の開催地はポルトアレグレである。この頃ポルトアレグレ政府は労働者党に率いられ、地域政府の新しいモデルを実験的に進めており、フォーラムを積極的に支援したが、(3) その翌年の大統領選挙でルーラが選出され、世界を驚かせることになるのである。二〇一一年のウォールストリート占拠から二〇一四年に至る流れのなかで、二〇世紀を通じて北半球中心だった社会運動が、名実ともに地球全体をカバーするきっかけをブラジルがつくったことになる。ブラジルの近現代美術の中心を担った作家や批評家が、一九二〇年代のモダニスムを八〇年代に架橋しつつ、やがて二一世紀にグローバル化する社会運動のなかにその名を残していることは注目されてよいと思う。

この運動と比較できるのはチェコスロヴァキアの民主化運動である。一九八九年に東欧で起きた一連の革命のなかで、チェコスロヴァキアはヴァツラフ・ハヴェルをはじめとする作家や芸術家が中心的な役割を果たしながら、非暴力による革命を成立させた。その主体となったのは「市民フォーラム」と呼ばれる組織だが、革命の初期段階でフォーラムは「演劇クラブ」と呼ばれる劇団内部に設立されている。舞台芸術や美術系の学生が抵抗運動で積極的な役割を果たし、八八年から八九年にかけていくつものデモを組織したことが知られている。彼らはデモを全国的な抵抗運動につなげるきっかけになったゼネストの呼びかけを行い、ヴァンセスラス広場は短期間に巨大な群衆に占拠されたのだった。

(2) セルジオ・ブラルキ・ジ・ホランダを父にもつ歌手がシコ・ブラルキで、民主化運動でも積極的な役割をはたした。

(3) 二〇〇一年一月二五日から三〇日まで、ブラジルのポルトアレグレで開かれた。フォーラムは、「もうひとつのグローバル化運動」に参加する多くの団体で組織され、労働者党に率いられたポルトアレグレ政府が支援している。その頃すでにポルトアレグレでは、代表権を持った機関と市民の公開会議を統合する地域政府のあり方を模索していた。

MICHALE REKNI

八〇年代における、ブラジルとチェコスロヴァキアにおけるこれら二つの民主化運動は、どちらも独裁政権下で起こったこととはいえ、通常は同列に扱われることはない。前者はマリオ・ペドローサという筋金入りのトロツキストを含み、ブラジル共産党とも近い労働運動から生まれたものである。後者は共産党一党支配に抵抗する運動であり、またポーランドの「連帯」が労働組合を中心にしていたのに対し、ハヴェルやヤン・パトチカらによる「憲章77」の周囲に形成された「市民フォーラム」は、労働運動を組み込んではいなかった。同じ民主化運動と言っても、イデオロギー的には正反対と言ってもよいほどかけ離れている。

にもかかわらずここでこの二つを取りあげるのは、どちらの運動の中心にも美学的な言葉の生産と発声があるからだ。それは民主化要求の直接的なスローガンや人権憲章の条文のような言葉ではなく、むしろそうした言葉の生産に先立って使われる日常的な言葉の使用にかかわるものである。言い換えれば「言葉を使用すること」それ自体が問題となるような使用である。言葉の使用は、すなわち空間の創出である。詩や演劇の言葉をつくりそれを声に出すことは、その声が空間を創りだすことにほかならない。逮捕と投獄の後にも試作や劇作を続けたのは、ヴァツラフ・ハヴェルが出版や上演が禁じられてもなお、その言葉が大勢の声として響く空間があることを信じていたからである。

そうした空間の集積が、都市にほかならない。集い、喋り、歌い、歩くことは都市における人間のもっとも基本的な営みである。都市は群衆の言葉で満ちているから都市なのである。人間にとって、都市は生活の糧を得るためだけの手段ではない。都市とは、人間の創造的生活にとって無限とも言ってよい価値をもつのであって、不動産価値などで計れるものではない。このことはアンリ・ルフェーブルの『都市への権利』以来、多くの都市論や文化論で繰り返し確認されてきたことだが、それが法として登場するようになったのはここ一〇年ほどのことである。先駆的な例として挙げられるのは、ブラジル憲法（連邦法）に〝都市への権利〟を住民に保障する条項が加えられたことだろう。その内容のエッセンスは、ひとことで要約できる。

都市にとってその使用価値は交換価値に優先する。

都市の価値をこれほど明確に示すことができたのは、特に一九九〇年代に進行した自由主義経済下における、ほぼ無制限の再開発によって多くの住民が立ち退きを迫られ、地域共同体が破壊されてきたからであり、同時にそれに抵抗するさ

CITRA

まざまな実践が続けられてきたからである。都市は社会のものであって、資本のものではない。ブラジル憲法における「都市への権利」は世界各地に波紋をひろげ、興味深いことに、このアイデアに触発され、アメリカ合衆国では「都市の権利」連合が結成された。「南」における市民的実践が、「北」に影響を及ぼすようになったというわけである。[4] そして後述するように、それはブラジル国内でこそ、もっとも深く、そして長く続く抵抗運動を触発し今日に至っている。民主化と新自由主義が地球規模で同時進行した一〇年間は、抵抗の一〇年間でもあったのである。

グローバリゼーションはまた都市に、それまでには存在していなかった新たな性格を付け加えた。モバイルテクノロジーである。インターネットと携帯電話の普及が、個々の都市とその市民を直接結びつけることを可能にした結果、リアルタイムの群衆現象が生まれることになった。その爆発的な出現が二〇〇三年にお

(4) 所得格差が広がり貧困化が進むなか、限られた予算のなかで何を優先すべきか、その順位を市民とともに考えるため、参加型の予算編成が導入された。その後二〇〇九年にシカゴ市、カリフォルニアのバレーホ市で二〇一二年に参加型予算編成が導入され、現在はアメリカからヨーロッパへと広がっている。

CND
NO WAR
ON IRAQ
DON'T
ATTACK
IRAQ
MAB
Freedom
For
Palestine

けるイラク戦争反戦運動である。

反乱が連鎖的に起きること、それ自体は珍しくない。一九六八年もそうであったし、すでに一九世紀に革命、反革命の連鎖は起きている。だが二〇〇三年の群衆現象は空間的に新しかったのではない。それは二月一五日という特定の日付に、世界中の都市で起こされたのだった。最大の動員を記録したのはローマで、実に三百万人が街頭に出たと言われている。私は一日中ローマを歩きまわったが、確かに一日のひとつの場所で開かれたものとしては、史上最大規模の反戦集会と言ってよいと思う。規模は大きく異なるものの、同一の反戦プログラムに参加したデモは世界中で二百か所以上に及び、全世界で数百万人が参加したのである。

同一時に開かれた反戦集会はイラク戦争への突入とその後の情勢のなかで、現在ではほとんど忘れさられたかに見えるが、これに参加した市民にとってはけっして小さな経験ではなかったはずである。生きている場所、住んでいる場所で国際的な紛争に対する意見を述べることができるということ、それが地球上で同時に展開されるという経験は、誰にとっても日常を超えたものである。二一世紀の都市はそれが可能になる場所だという経験は、その後まったく異なる形で変奏されてゆくことになるだろう。いずれにしても、この日多くの都市の住民が「数百万」というかつてない規模の数を感覚としてもったとすれば、それは人類史的な経験であったと言っても過言ではない。

　アントニオ・ネグリとマイケル・ハートの『帝国』は二〇〇〇年に登場し、上述した世界中の抵抗運動にとっても、大きな理論的支柱となった。ローマの街路に虹色の旗を持ってあふれ出た人々は、市民と言う以外に共通点を持たない実にさまざまな人々だったが、それぞれの差異を包みながらひとつの行動に集まるという意味で多様性の群衆を形成していた。

　だがそこで起きていた現象はこれまで「群衆」という概念で考えてきたものと何ら変わるものではない。「マルチチュード」を互いに差異があり、多様性を保ちつつ民主主義の実現に向かう集合体と定義するならば、それは特定の群衆の説明としては正しい。だがそれは群衆のほんの一部を見ているに過ぎない。群衆は人間の内にすでに棲みついているものであり、すぐれて触覚的な現象であり、幻影であると同時に現実である。

　群衆は、これを実体ではなく過程としてとらえたほうがよい。どこかに群衆と呼ばれる集団が、実体として存在するわけではない。群衆はある時点に存在するが、別の時点には消えている。群衆はいくつかの種類に分類することができるが、そこには必ず人間が群衆となる過程がある。この過程こそが群衆の本質である。だから群衆には全体がない。通常わたしたちは、群衆を人間の塊として、全体としてイメージするが、それは輪郭を持たない全体なのである。この全体の不在こそが群衆を群衆にするのである。

そのよい例がデモの参加者数の発表だ。たいていデモの後で発表される人数は、主催者側と警備側で大きく異なる。台北で三月三〇日に開かれたデモでは主催者側が五〇万人、警察側が一一万人である。実に五倍近い違いがあるわけだが、これは別に例外的なことではない。主催者と警備が対立している場合はほぼ必ず、前者のほうが後者よりも多くなる。前者は多く見積もりたいし、後者は少なく見積もりたい。大義を数で計ろうとすれば、どちらも合理的な見積もりだと言える。だが、この現象の本質は別のところにある。群衆は数えられないのである。

まず現実的な問題として数万人を超えるような街頭デモの人数を把握するのは困難である。途中から参加したり、脇へそれたり、来た道を戻ったり、あるいは最後に加わったりと、参加者の範囲を確定することができない。もとより軍隊の行進とは違う。アメリカでは監視カメラを利用した人数のカウントが試みられた

こともあるが、それでも正確な計算はできていない。だが本当の理由はそこにはない。群衆は常に増大することを望むのであり、どんなときにも過剰であることが求められる。

たとえば主催者が群衆に向かって人数を発表する。その時でさえ、主催者も群衆も、その人数はまだ増加するために告げられているのだと確信している。計算不能性こそが、群衆の核心にあるのだ。だから発表の人数に差があるのは、むしろ群衆の証明のようなものであろう。全体が確定されえないこと、増大する過程を持つこと、それが固有の全体を表すマルチチュードとは異なるのである。言い換えればマルチチュードとは、群衆がある特異な身ぶりで移動することである。

そのような身ぶりのひとつは、日常的な都市生活における空間の使い方をひっくり返すような移動である。ここでは二〇一三年に遠く離れた二つの都市で発生した、群衆の抵抗を例に取ろう。ひとつはトルコの首都イスタンブール、もうひとつはサンパウロをはじめとするブラジルの諸都市である。無関係のように見えるが、二〇一三年のトルコとブラジルは重要な共通点をもっている。

まずイスタンブールだが、二〇二〇年の夏季オリンピックの招致を目指して、大がかりな再開発が予定されていた。デモが発生したタクスィム広場は市内交通の拠点であり、観光地でもあるが、ここで交通渋滞の緩和を目指したトンネル工事が二〇一二年より始まっていた。市民にとっては歓迎すべき工事だが、ブルドーザーが広場に隣接するゲジ公園の端を切り崩し始めたところで、事態は一変した。そこは長く市民の憩いの場として親しまれてきた場所で、建物ばかりが目立つイスタンブールでは最後の緑地だったからである。しかも公園の取り壊しは広場整備のためではなく、ショッピングモールなどが入る新しい建築計画のためで、地元住民から立ち退きや緑地の破壊に対して、抵抗の声が上がったのである。

二〇一三年の春、若者四人が公園にテントを張り、公園の樹の伐採をやめさせようと野宿をはじめた。賛同する学生や市民が次々に抗議活動に参加したが、これを警察が強引に鎮圧しようとしたとたんに市民の怒りが爆発し、エルドアン政権に対する全国的な抗議へと発展した。五月末にはすでに公園には数百のテントが張られ、学生を中心に数千人が寝泊まりしながら抵抗する占拠の場と化していた。六月一日には首相官邸を目指した約千人のデモ隊に対し機動隊が出動、裁判所は建設計画の一時停止を命じた。

HALK TİYATROSU
MARJİNALLER
İRİ AYYAŞ

FARKINDAYIZ
GEZİ
PARKINDAYIZ
#WEAREGEZI
Quechua

ZIL MEYDANA HOS GELDINIZ
PARTİZAN

YapıKredi

エルドアン首相は当初から強硬姿勢を崩さなかったが、ここで興味深いのは、抗議運動参加者を「野蛮人」と呼んだことである。立法院占拠の学生を「暴民」と決めつけた台湾の国民党政権の態度と似ている。これに対し抵抗側は公園の占拠を続けたが、最終的に催涙ガスとブルドーザーにより排除されることになる。私は占拠が最高潮に達した六月初めに数日滞在したが、公園内の様子に驚いた。マスメディアが報じるような「過激派」でも「野蛮人」でもない、普通の学生や市民による、組織だった抵抗の場となっていたからである。

「アラブの春」から「トルコの春へ」、「タハリール」から「タクスィム」へといったスローガンは、情動の共有だけでなくソーシャルメディアを最大限に活用した情報の拡散や、多方面への連帯の呼びかけの方法の共有を示している。公園内には短時間のうちにステージ付きの放送局、映像やテキストの編集部などが設けられ、学生が運営するワークショップが日夜開催されている。折からイスタンブールで開かれていたドキュメンタリー映画祭も、最終日の授賞式を急遽公園内のステージに場を移して行っていた。こうした組織づくりやスピード感は、立法院占拠とも通じるものであろう。

いっぽうのブラジルは、二〇一四年にサッカーのＦＩＦＡワールドカップを、二〇一六年にリオデジャネイロ・オリンピックを控え、同じように大規模な公共工事と都市の再開発を行うことに対して、住民から批判が起き、二〇一二年から一三年にかけ複数の都市で、公共交通機関の運賃値上げへの抗議デモが散発していた。当初は公共交通機関の運賃無料化を目指す団体「無賃運動」に触発されたものだったが、参加者に対する警察の行為に抗議するデモが加わるようになる。イスタンブールでデモが続いていた六月、サンパウロでは同年の一月に市長がバスと鉄道、地下鉄の運賃値上げを発表したことに抗議するため、パウリスタ大通りでデモが組織され、リオデジャネイロでも一〇万人が参加した。イスタンブールと同じように、デモは警察による鎮圧に対する抗議と逮捕者の支援によって全国の大都市に拡大し、首都ブラジリアを含み、実に延べ二百万人を動員するまでに拡大した。(5)

ちなみに交通機関の賃上げに対する抗議は二〇一二年に始まったものではない。最初は北東部の大都市サルヴァドールでバスの賃上げに反対する抗議が二〇〇三

(5) ブラジルの「六月抗議」と「無賃運動」については、その経緯と社会学者や都市計画家らによる論考を含む論集がブラジルとフランスで刊行されている。*Cidades rebeldes*, Boitempo Editorial, 2013. *Villes Rebelles*, editions du Sextant, 2014.

年に起き、それ以後他の都市でも値上げのたびに、独立して抗議デモが起きていた。その意味では、二〇〇一年ブラジル憲法に「都市への権利」条項が加えられて以降の一〇年間を見なければならない。公共交通のサービスの低下、都心部の再開発と土地の値上げ、それに伴う通勤圏の拡大と渋滞の深刻化と、この一〇年でブラジルの交通環境は悪化の一途をたどっていたのであり、憲法の条項に入れられているのに、むしろ「都市への権利」は多くの市民から剝奪されつづけていたのである。

公園の保護運動に端を発するトルコの反政府デモと、運賃値上げに反対するブラジルのデモは期せずして同時に起きたというだけでなく、オリンピックゲームがどのようにしてグローバル経済に組み込まれ、地域住民の反発を買うようになるのか、そのメカニズムを示していて興味深い。だがそれよりも重要なことがある。ここでは太陽花運動に関連すると思われる点を二つだけ、引き出しておきたい。

ひとつはこれらの抵抗運動が、実験的な精神をもっていることである。トルコの場合は首都の中心にある公園を占拠し、そこを一種のラボラトリーとして、緑地の保護を、それとは直接関係はないが、強権的な政治に対抗する他の反対勢力と連結しようとした。ブラジルの場合は「公共交通の無料化」という、実験的かつ独創的なアイデアが、「都市への権利」として主張された。われわれは、そこにこそ政治のラディカルなスタイルを見るべきだろう。

もうひとつはどちらの場合にも、そこに現れた群衆は予想されえない移動を起こしたということである。ブラジルの群衆は、まさに日々の移動そのものを問題視した。通勤の群衆は、おそらく共通の目的のために構成される群衆としては、世界最大のものだろう。それは祝祭の群衆ともデモの群衆とも異なるが、特定の時間帯に集中して現れるひとつの過程という点で共通している。もし通勤の群衆が抗議の群衆に転化したら、どうなるだろうか。それは歴史上類を見ないようなものになるだろう。通勤という、もっとも日常的であるがゆえに等閑視されている行動が、実は「都市への権利」の根本問題ではないのかと、問いをつきつけるだろう。「無賃化」というシンプルなアイデアが、無意識的な日常の移動を思想としての移動に変えてしまうことを、ブラジルの群衆は身をもって体験したことになるだろう。

三つめは群衆の集まる場所がシンボルとしての機能を果たすことである。観光地イスタンブールを知ってはいても、ゲジ公園の名を聞いたことのある外国人は少ないはずである。そこが一晩にして世界中の人が知る公園になる。それまではただの市民公園にあった木々が伐採の危機にある特別な木として注目を浴びるようになり、環境保護や公共の自然といったチャンネルを通じて、遠く離れた林や森とつながる。(6) こうした連結は運動が起こる以前には予想できないものであり、たとえ世論調査が行われたとしても浮かびあがってはこないだろう。言い換えれば、それは世論調査や統計には現れることのない民衆がどこかにいるということの証明である。見えない民衆がシンボリックな場所をつくりつつ、突然群衆として現れるのである。

以上三つの点は、いずれも政治の場所が生成する過程を示している。実験性、予想不能性、象徴性は、抗議の群衆が個々のイシューとは独立してもっている固有の特質であろう。だがこの特質を見失わないことが、実は非常に難しい。

(6) ある場所の自然が、その地域住民だけでなく、別の地域のためにも生命資本として必要であるという視点はますます必要になる。ある干潟は渡り鳥を介して、遠くの国の干潟とつながる「生命地域」だから、個々の干潟の保護は全体に影響を及ぼす。複数の公園をつなぎ「グリーンベルト」と見なす取り組みもある。こうした地域の発想についてはマレイ・ブクチンの思想が参考になる。*Remaking Society: Pathways to a Green Future*, Murray Bookchin, South End Pr., 1990.

03 もうひとつのパーラメント

群衆が行動を起こすとき、すべての細部が等しく重要になることはすでに述べた。それは群衆にだけ当てはまるわけではなく、これに対峙する権力についても同様である。ここではまずひとつの言葉に注目し、そこから全体へと考察を広げよう。すでに述べたように、イスタンブールのゲジ公園が占拠され、これを支援するデモが市内で繰り広げられたとき、首相は即座に彼らを「野蛮人」と呼んだ。これは太陽花運動の学生を「暴民」すなわち暴徒と呼んだことと同じである。二〇〇五年にフランスの大都市の郊外で若者の反乱がおきたとき、サルコジ大統領は彼らのことを「クズ」と呼んだが、これも似たようなものだろう。強権的な政治が抵抗や反乱を扱う際に、こうした呼び名を使うのは珍しいことではないが、それを単なる「暴言」として忘れてしまうのは双方にとってマイナスである。このような細部にも、なにがしかの真実が宿っているかもしれない。

これらの呼称には、ある暗黙の了解が隠れている。野蛮人には言葉が通じない、話せる相手ではないという意味である。バルバロイ、サバルタン、暴民と呼び名は異なってはいても、意味するところは、彼らに話して分かる言葉はないということだ。この呼称と鎮圧のための強権発動は表裏一体であり、実際イスタンブールでもサンパウロでも台北でも血が流れるのはその瞬間になる。ささいな一言は危険な一言なのだが、実はそこにこそ民衆が声を上げる意味がある。声を上げるのは、何よりもまず、民衆が言葉を持っているということを示すための行為だからである。

哲学者ジャック・ランシエールは、民衆が言葉を持つという点に注目し、そこにこそ政治の基礎があるのではないかと問う。通常、政治とは国家における意思決定のプロセスのことである。立法院の学生たちはその政治プロセスが「黒箱」と化していることに怒りを表明したのだが、ランシエールが言う「政治」は、プロセス以前の問題である。むしろ怒りを言葉として表明するほうが「政治」を生むのだ。その主著『不和あるいは了解なき了解』でランシエールは、一般的な意味での政治は集団への参加と同意、権力の組織化、地位や職業の分配といったプロセスの全体を指すとする。このプロセスはまずもって「身体の秩序」をつくり、その秩序に従って身ぶりや話し方や地位や役割が割り当てられる。そのために視覚や聴覚をはじめとした人間の諸感覚が動員されるが、身体の秩序化の基礎をなすのは感覚のレベルではなく、それが人間集団のなかである程度共通する感性となる段階であり、これをランシエールは「感性の布置（コンフィギュレーション）」と呼ぶ。

その分かりやすい例として引かれるのが、『ローマ建国史』で語られる、平民の反乱である。貴族に不満を抱いて丘にたてこもった平民に対して、元老院の命でひとりの貴族が説得するように遣わされる。ただしこの説得は、今日使われるような意味ではない。貴族は平民が名前を持たない以上、貴族と話ができる言葉を持たないのだから、議論は成り立たないと考えている。平民の言葉とは「はかないものであり、すぐに消える響き、鳴き声の一種、欲求の知らせであって、知性の表明ではない」のだから、話のしようがない。

貴族の感性から見た平民は、ほとんど鳥と同じように配置されているのである。だがこの貴族の思い込みに対して、平民は貴族の流儀を真似て、平民のひとりに名前をつけ、これを代表として送る。その者は貴族の言葉に礼儀正しく耳を傾け、

しかるべき儀礼的身ぶりを見せ、さらに貴族と平民のあいだに協定を結ぶよう要求までして、貴族を心底驚かせる。[7]

書名にとられた「不和」とは、この物語に端的に表れているような状況を指している。了解しているようで、まったく了解していないという状況だが、貴族と平民の間には言葉が通じないのではない。貴族の感性では、平民が言葉を発してもそれは何の意味もなさないのであり、言いかえればこの状況では言葉は不平等に分配されている。貴族の思い込みが覆されるのは、平民が貴族の言葉を了解していることを示したからだが、そのことによって、言葉そのものに内在する二重性、つまり了解しているのにしていない、という矛盾が顕わになるのである。ランシエールの考えるもうひとつの「政治」とは、まさにこの瞬間、言葉の矛盾と二重性を顕わにするような、真の平等の実現のことなのである。

日常的な意味での政治とは次元を異にしているように見えるが、このような言葉の次元に政治の起源を見るランシエールの考えは、意外にも現実的な面をもっているのではないだろうか。そのことを、抗議する群衆に向かって権力が「野蛮

(7) ジャック・ランシエール『不和あるいは了解なき了解』松葉祥一訳、インスクリプト、二〇〇五年。

人」「暴民」と呼び捨てにするたび、わたしは実感する。
――この者たちは野蛮人であり、暴徒である以上、その言葉は意味を持たない、だから議論もしないし交渉の余地もない、よってこれを鎮圧する。

この状況は、本来平等に与えられているはずの言葉がまったく平等ではないことを如実に示している。議会を占拠することの核心は、この言葉の平等性に視点を置いた時はじめて理解されるだろう。議会、パーラメントは文字通り、言葉のための場所なのである。

ところでこのような「議会」で思い出すのは、フランスのストラスブールで一九九三年に生まれた「国際作家議会」である。[8] 普通なら作家会議というところだが、パーラメントすなわち「議会」と呼んだところに、この集まりの特徴がある。当時アルジェリアで作家やジャーナリストの暗殺が続いていたことを受け、ジャック・デリダ、ピエール・ブルデュー、詩人のアドニス、ブライテン・ブライテンバッハなどが中心になり、作家の生命の保護や検閲に対する抵抗などを目的として生まれた組織だった。「議長」として参加したのはサルマン・ラシュディである。当時まだ暗殺の危険があったため隠遁生活を送っていたラシュディはストラスブールで、「議会」の意味を端的に述べた。それは「ヨーロッパ議会」

のような代表制でもなければ、ヒエラルキーを持つものでもなく、「パーラメント」の本義としての「話す場所」である。そして現代とは、作家が自ら「話す場所」をつくらなければならないほど、表現に対する絶え間のない抑圧と暴力が蔓延している時代なのだということだった。

立法の議会は、語る権利を認められた者のための場所である。民衆に認められているのは、その外で、路上で語ることだ。だが議会の内部では言葉が機能せず、しかも外部では言葉が認められない。議会が占拠され、言葉を分配されていない者たちが語ることで、議会はその本来の意味を明らかにしたとも言える。ともあれランシエールにならうなら、不和の状況を明るみに出すことによって、議会ははじめて政治の場所となったとも言えるだろう。

ここで重要なことは平等がゴールではなく、人間としての出発点だという視点である。これを哲学的な概念ではなく、具体的な空間における身体の配置の問題としてとらえるならば、弱者への配慮が必要になる。言葉の平等性は必要条件だ

(8) 会議の様子は写真集『明日、広場で』に収録されている。拙著、新潮社、一九九五年。

おつかれ

が、それが十分に発揮されるためには知恵を絞らなければならない。太陽花運動はそのよい例になると思う。立法院の中でも外でも身体と健康の配慮に、多くのエネルギーが費やされていたからである。

たとえば立法院周辺の道路は抗議の群衆で連日連夜占拠されていたが、そこに非常用通路があけられていた。それは車椅子の人が参加できるためでもあるが、急病人が出たときに素早く大通りに運べるようにするためでもある。つまり弱い者に対する配慮であると同時に、弱者が参加できるための知恵でもある。議場内部に車椅子で参加した人もいれば、実際に体調不良を起こした学生が非常用通路を担架で運ばれたこともあった。どちらの場合も通路がなければ困難だったであろう。

一般的に言ってこうした配慮は、運動が拡大するにつれ自然に備わるものでもある。だが台湾の場合は実際に運動のなかで、それが培われてきた経緯もあるのではないか。もちろん「配慮」が何を意味するかによって、それは変わってくるだろう。後述するように、それは英語のcareという語がもつ、複数の意味にまたがるようなものではないかと思う。

ひとつだけ例を挙げるならば、台北市郊外にある樂生療養院、通称「樂生院」

の保護運動である。これは台北市に接する新北市の新荘区にあるハンセン病治療のための療養所で、日本政府が台湾を植民地としていた一九二九年に開設された。開設当初の名は「台湾総督府癩病療養楽生院」だが、当時の他地域の施設と同様に、それはハンセン病患者を強制的に隔離し治療するための施設でもあり、非常に厳しい入所生活のなかで、患者は人生の大半を送らなければならなくなった。

植民地支配が終わったのちも、ハンセン病からの回復者の多くが療養所以外に帰るべき場所をもたず、そこを終の棲家と覚悟して生きるしかなかった。ところが二〇〇〇年代になって台北のＭＲＴ鉄道の拡張工事のために、樂生院の取り壊しと回復者の移転が始まった。すでに入所者は高齢に達しており、住み慣れた場所で人生を送りたいという願いが多かったにもかかわらず、強制立ち退きと建物の撤去が行われ始めたのである。これに対して、入所者とこれを支援する学生や市民が中心となって、樂生院の保護と保全の運動が二〇〇七年に本格化した。(9) 療

(9) 樂生院は日本統治時代に設立された台湾で最初の公立ハンセン病療養所である。取り壊し反対と保護運動が継続された結果、政府文化部が働きかけて修復工事がはじまろうとしている。日本の多磨全生園の取り組みなども参考にされて、医療資料館や人権記念公園などを併設する、「ハンセン病総合施設」の開設が計画されている。

聖徳碑

養所の内部に本部が置かれ、世界中の旧ハンセン病施設で展開していた同様の運動との連携が図られて、樂生院の歴史や現状がはじめて世界に知られるようになったのである。

わたしはアーティストの岡部昌生と、二〇〇九年に療養所の人々を対象にしたワークショップを行うため、はじめて樂生院を訪れた。MRT車庫の工事はすでに始まっており、取り壊しも拡大していたが、住居はまだ多く残っており回復者の方々も元気に住んでいた。台北のベッドタウンとして過密化した新北市のなかで、樂生院はある意味でその名の通りの、緑と花に囲まれた美しい場所となっていた。厳しい管理が戦前から戦後まで続いたせいで、皮肉なことに、そこだけが昔の環境のまま残ってしまったからである。

そこでのワークショップは岡部さんの手法であるフロッタージュを使い、樂生院を生きてきた人々が、入所者として残したい痕跡を、紙のうえに擦りとるというものだった。準備段階から多くの学生がボランティアとして参加していたが、実質的にそれなくしては成立するものではなかった。ハンセン病の元患者には身体的な欠損が残っている人が少なくない。特に手足の指を失っている人が目立つが、彼らがフロッタージュをするためには、誰かが鉛筆やクレヨンを一緒に持ってあげなければならない。その肝心な部分を学生らのボランティアがうまくサポートしてくれたのだった。このワークショップの実施や展示を通じて、わたしは運動の目的が弱者の救済にあるのではなく、弱者への配慮を経験することによって社会をつくり変えてゆくことにあるように思われた。

こうした運動にアートが参加するのは珍しいことではない。アートは日常的に与えられているモノとモノの関係、モノと人の関係、それらを含む環境などを、感性によって変換する試みである。樂生院でのフロッタージュを例に取れば、取り壊し寸前の建物でしかなかったモノが、一枚の紙と一本の鉛筆によって、記憶の場所へと変わる。その変換が人間の身体を通じて行われるわけであり、この行為が身体的な不平等を再調整する契機となるのである。ランシエールが指摘する政治の根源としての感性的な布置とは、このレベルで考えられるべきであろう。

樂生院の保護支援運動を含め、台湾にはさまざまな学生運動の系譜がある（218−219頁参照）。一九九〇年代以降は野百合運動をはじめそれぞれの世代に運動が起きており、言い換えれば社会運動の経験が世代を超えて、何らかのつながりをもっている。それは必ずしも意識的な記憶ではないかもしれないが、感性的に理解できるようなインターバルで続いてきたことは、太陽花運動にとってプラスに働いたであろう。それぞれの運動はその時代の流行を反映するものであり、歌、音楽、ファッション、演劇、文学、映画、テレビ番組など、ある世代が感性的に共有しているものが、運動の記憶に結びつく。群衆の記憶は、歴史書の記述として継がれてゆくものではない。感性的な共通体験がなければ、それは残ってゆかないのである。プロテストソングもそのような集団的な記憶をつくる、重要な要素である。

三月二七日の午後、議場のなかでとつぜん小さな紙片が配られた。紙には小さな文字で〈島嶼天光〉とあり、その下に歌詞と思しき文字が並んでいる。中央のスペースに集まっていた全員に紙が行きわたると、スピーカーから音楽が流れて、みな歌いだした。練習である。二回ほど繰り返し歌ったところで、「滅火器」という名のグループのリーダー楊大正が議場に現れて、全員で一緒に歌うことになった。ビデオカメラが準備され、いきなり「本番」である。これが後にプロテストソングとして全国に広まる「島の夜明け」という歌の、録画を兼ねた初披露だった。

「島の夜明け」とは、言うまでもなく台湾の夜明けという意味である。「夜明け」

の意味については、少なくともその場所では何の説明もいらなかっただろう。三月二四日の午前四時、立法院から行政院へと突入した学生の一派が、機動隊に暴力的に鎮圧されて、多数のケガ人を含む流血の事態を招いた「夜明け」を想起させるからである。すぐに強制排除される学生らの写真の上に「午前四時の民主主義」というテロップを一行載せたイメージが、ネット経由で全世界に配信された。つまり楊大正と仲間たちは、たった二日間でこの歌をつくり、議場に持ってきたのであった。

この歌は、すこし不思議な出だしで始まる。主人公がまず母親に家に帰れないこと、次に恋人にいっしょに映画に行けないことを謝り、だが心配しないでほしいと語る。自分はいまここにいなければならない理由があるからだ、と。言うまでもなくそれは、議場を出るわけにはいかない、ということである。その議場で二七日の午後、たどたどしい口調で歌詞をたどる学生たちのなかで、わたしはこの出だしが運動の本質をうまくつかんでいると感じた。「僕」は母親や愛する人に弁明しているのではなく、気遣っているのである。この気遣いが、議場の中心、運動全体の中心にある心の働きではないか。

先に述べたように、この気遣い、あるいは弱者への配慮は英語のcareに当たると思う。気遣う、心配する、関心をもつ、世話をする、介護をする、保護をするという幅広い意味をもっているこの語は、カタカナ語としても現代日本語のなかに定着している。ただ日本で使う「ケア」が介護や世話にあたるのに対し、これらすべての意味を兼ねる一語を見つけるのは難しい。そこに共通しているのは、まず他者が想定されていることである。さらにその他者が必要としていることに、具体的な応答をすることも想定されている。この点でケアは、「母性」のように人間が生まれつき持っている優しさや反応とは、次元を異にしている。他者が求めていることに気づき、理解し、それに対して何らかの手段を講じるのがケアであり、その意味では具体的なアクションがその本質であろう。

ケアを倫理的なレベルでとらえる試みは一九八〇年代にキャロル・ギリガンらのフェミニズム思想を通じて発展し、一九九〇年代にはジョーン・トロントらが新自由主義への具体的な抵抗として、現実的な政治状況や経済をケア概念から批判する立場をとっている。トロントははっきりと、ケアは民主主義にとって根本的であると認識して、ケアの民主主義とは、〃市民が民主主義を絶えず気にかける(ケアする)よう要請する〃のであり、そこでは市民は〃相互的責任だけでなく、民主主義の制度とその実践にも責任〃を持っている、と述べている。[10] 市民が政治に関心を払わない（ケアしない）社会では、他者を気づかう人間関係も生まれない。

議場の中と外を含め、この運動全体に行き渡っていたのは、このような意味でのケアであり、理論ではなく具体的なアクションである。相手が何を必要としているのかを理解し、それに対してできることを考えて、行動する。太陽花運動とは民主主義をケアすることと、他者を気づかうことがわかちがたく、同時に進行する運動である。当たり前のことのようだが、普通の生活を送るための環境がない場所で、それを突然行わなければならない時、何が起きるだろうか。それはまさに、誰もが誰にたいしてもケアしなければならないという状況である。各人が得意とすること、知識をもつこと、技をもつことを総動員して、出来ることをするという人間的なマルチタスク、それが占拠という特殊な状況で生まれる(11)。

このケアはしたがって、一般的な「支援」とは少し違う意味を持っている。支援もまた他者が何を必要としているかを理解し、行動を起こすが、それは通常支援できる人から、される人へ、一方から他方へと行われる。太陽花運動にももちろん何十万、何百万という支援者が生まれたが、それは支援という言葉だけでは表せないものだ。無数のケアが目に見えない網の目のように群衆の内部で発生し、それが運動そのものを生かしていたように思うからである。むしろそこに支援の本質があると言えるだろう。

本番では、林飛帆がいつも着ている緑のジャケットを滅火器の楊大正と交換し、全員で歌った。シンプルな歌詞（180－182頁参照）だが、考え抜かれている。時代と状況を短いフレーズで編み込んでいる。いい歌である。太陽花運動が実現した最良の部分は、おそらくここに込められているケアにあり、そこから遠くにいる者に対しても同じように歌われている。

太陽花運動が実現した非暴力の根源は、おそらくそこにある。二〇一一年以降の世界各都市での占拠を見ればわかるように、規模が大きくなればなるほど、絶対的な非暴力を貫くのは困難になる。ニューヨークやイスタンブールのような強制排除はむしろ普通で、ウクライナのマイダン広場のように多数の死傷者を出す

(10) ジョーン・トロントはその最新刊で民主主義を正面から扱い、民主主義における市民とは、市民と民主主義とを「共にケアする」（caring with）存在でなければならないと書いている。Joan C. Tronto, *Caring Democracy: Markets, Equality, and Justice*, New York University Press 2013.

(11) 後述する「報民」の制作者のひとり龔卓軍は、運動が採用した積極的なマルチタスクを、それまでに存在しなかったようなコンセプトと評価している。

ケースももはや例外ではない。台北の場合も機動隊や軍隊がすぐに出動して強制排除の可能性もあったはずだが、野党を味方につけ現実の政治的推移を見極めつつ、いっさい挑発的な行為にも乗らずに最後まで非暴力を貫いたのは、見事でありまた奇跡としかいいようがない。だがそのために費やされたエネルギーは膨大なもので、台湾はもとより香港をはじめ世界中からの応援が不可欠であった。

非暴力は唱えるだけでは実現しない。非暴力と暴力の関係は、実際には非対称である。抗議行動が拡大するときには、暴力的な解決のほうがよほど簡単で、そうなりやすい。緊張が高まれば高まるほど暴力的になるほうが「自然」であり、その意味では非暴力はこの自然な成り行きに抗して、多大なエネルギーを使わなければならない。そのエネルギーは現場における、他者を気づかう無数のアクションから生まれたのではなかったか。占拠のあいだずっとヒマワリが一輪、議場の議長席に活けられていたが、それがそのシンボルのように思える。

この花がシンボルになった経緯の説明はいくつかあるようだが、ネット経由で配信された議場内部の様子を見て、多くの人がそこにあったヒマワリをシンボルと思ったという。最初は花屋が、その後は南部の農家が次々と応援に生花を送るようになった。学生が自ら象徴に選んだというよりは、贈られた花だったのである。黒い箱に自らを閉じ込める決意をした若者たちへ贈られた花は、傷ついた民主主義の枕元に置かれた花でもあった。

というのも議長席のヒマワリの前に、大きく「民主」と書かれた札が立てられていたのだ。議長の代わりに民衆がそこにいる。これ以上に明快な異議申し立てはないだろう。議長席のすぐ横は診療部である。議場のなかにも外にも、急病や体調不良を訴えたときのために、二四時間体制で医師や看護士がいたが、その姿は民主主義を手当てしているように見える。太陽花運動ははっきりと、代表制によって民主主義が危機に瀕していることを示している。だから議長席の「民主」の名札は、この運動が民主主義を緊急入院させたことの証しでもあるだろう。

それこそデモンストレーションの本義だろう。「デモンストレーション」は公の場所で論証することであって、単なる要求ではない。その論証を太陽花運動は驚くべき方法で展開した。ひとことで言えば、それは変換の方法である。組織、人、サービス、モノ、情報、知識、技術、言葉……これらの関係を変換し、「黒箱」の中身すなわち代表制民主主義が機能不全に陥っていることを論証した。たとえば議長席に向かって左側に、全議員の顔写真入りの名簿が大判サイズのプリントで貼りだされていた（110－111頁参照）。まるで選挙ポスターのようだが、議員の名簿は所属する政党順になっており、下に空欄がある。これは太陽花運動を支援する場合、その空欄に名前を書き入れるという仕組みで、これがネットで中継されるので、誰が支援を表明したかが誰にも分かる。ひとりを除いてすべて空欄のままだったが、政治的表象を逆転して使うというスマートな変換である。バリケードもそうである。議員席の椅子や段ボールを高く積み上げ、紐で固定しただけのものだが、その場にあった日常的なモノの関係が変換され、組み合わされて、別のモノに生まれ変わったのである。こうした例は内部でも路上でも無数に見られる。まったくここには、ブリコラージュの天才が集まっていると思わずにはいられない。クロード・レヴィ＝ストロースは、神話をつくる人間のやり方を、その場で手に入る「材料」を組み合わせてモノを作る器用な仕事という意味で、これをブリコラージュと呼び、あらかじめ設計図や計画を立てて作る「エンジニアリング」と対比して考えた。占拠の現場はまさに、段ボールをはじめとして、その場にあるモノの転用であるが、それはモノだけでなく言葉のうえでも行われていた。機転がきくという意味では、エンジニアリングよりもユーモアのセンスのほうが大切なのである。

議会は占拠をとおして「モノの議会」に変換されたのだった。議会のなかに入るモノはそれ自身を代表して語る。ペットボトルの水、ヒマワリの花、ビタミン剤、インターネットのケーブル、急ごしらえの空調、寝袋、着替え、カメラ……すべてのモノが、それ自身の構成と、それが構成する世界を語る。その生産とサプライの経路、基礎的代謝とそれに必要なエネルギーの消費、その場で生産される情報とその流通……、占拠された議会はヒトとモノと情報の関係を再考するための一種のラボラトリーの様相を呈していた。その関係が「サービス貿易協定」によってどのように影響を受けるのかも、モノの議会のアジェンダである。政治的にも経済的にも、この議会ではミクロとマクロの境界は曖昧になり、マクロがミクロのなかに、ミクロがマクロのなかに侵入し、互いに測定しあうのだ。

この点で議会と路上との関係が常に保たれていたことは重要である。「占拠」というと籠城を思い浮かべがちだが、そうではない。人、情報、物資、サービスの流れは、支援や協力を通して調整され、日常と非日常が混じりあい、刻々と変化してゆくテンポラリーな共同体を形成する。食べること、眠ること、読むこと、メールを書くこと、映像を編集すること、メモすること……、いつもは断片化されている日常の行動が、どこか違って感じられる。それぞれが変換された現実の中で、自分自身の視点を探すからだろう。デモンストレーションは追従的な行為ではない。自らに新しい視点を与えることによって、現実と向き合う行為である。集団的な感性の布置は、そこから変わるのである。

こうした変換のモデルを探すなら、おそらく数学ではなくアートのほうがよいだろう。ジョルジュ・ブラックとパブロ・ピカソは一九一二年から一三年にかけて、絵画の形式に小さな革命を起こした。カンバスのなかにモノをそのまま導入したのである。それは新聞の切り抜き、ボタン、家具の一部が描かれた画面の一部となり、カンバスのなかはそれ以前のような均一の空間ではなくなった。モノの導入によって画面もまたモノに還元される。絵を見ながら、そこにある切り抜かれた新聞の見出しを読むことになった観衆は、そこでイメージの異なる体制を発見したのだった。カンバスは「モノの議会」となったのである。

一九一〇年代から二〇年代にかけてキュビスム、ダダイスム、シュルレアリスム、構成主義といった、ヨーロッパで連続的に起きた運動のなかで「コラージュ」が発展したのは、もちろん造形的な理由ばかりでない。都市空間の変容、新しい技術が変える人間の知覚、無意識世界の発見といった、外世界と内世界に起きた一連の亀裂に、モノの側が強く反応した結果でもある。ハンナ・ヘッヒやジョン・ハートフィールドらが写真を使って政治的な視覚言語をつくりだし、マックス・エルンストが大衆向けの本の挿画を使って無意識にはたらきかける視覚言語を発明したのも、コラージュという手法だった。

およそ百年後に台北の路上に展開した運動をひとつのカンバスとするならば、

そこに使われた材料にも百年間の蓄積があると言えるだろう。そこにはピカソやエルンストが用いたような絵や新聞や写真から、デジタル写真、ビデオ映像、テキスト、光、音、身体といったこの一世紀のアートが試してきた、ほとんどあらゆる材料と方法が投入されている。それは物質と情報のコラージュであり、鋏と糊と携帯電話を使ったブリコラージュである。

この計り知れないほど創造的な空気の中から生まれたのが、「報民」という名のメディアであった。それは運動が全国に拡大し、三月三〇日の巨大デモに達する直前につくられた一種の新聞である。内容はサービス貿易協定の中身を誰にも分かるよう、シンプルなグラフィックを使って説明したものである。二つ折の裏表四ページだが、一ページをめくると、見開きに真っ白な空白が現れる。裏の四面も白である。新聞の罫線はあるが、そこには見出しがあるだけで、記事はない。四つの見出しは学生側が政府にたいして掲げた四つの要求になる（213－216頁参照）。この「報民」は、太陽花運動を支援する大学教授やアーティストらのグループによってつくられた、デモのためのメディアであると同時に、メディアアートでもある。議場にも路上にも夥しい数の作品が出現したが、「報民」はそれらと比較して、いくつか注目すべき特徴をもっている。

・制作のプロセスが非常に速く、コンセプトからデザインが四八時間で行われ、二万部が印刷されている。当日は交通規制があったにもかかわらず、デモの中心ですべて配布しきっている。この速度感は太陽花運動の本質に呼応している。

・デモ当日はほとんどの参加者が黒いTシャツで参加したため「黒潮」と呼ばれたが、そのなかで真白の紙面は、非常に強い視覚的インパクトを与える。当日は多くのチラシが配られたが、「報民」はサイズ的にも大きく目立つのである。

・紙と同時に、ネット上でもダウンロードできるよう準備された。記事の部分だけポップアップするようモバイルフォン用にデザインされていたことで、多くの人が歩きながら読むことができた。移動しながら考え、考えながら移動するための作品である。

・シンプルなデザインだけに、そのメッセージ性は強い。学生の要求に対して空けてある余白を、政治家たちがどのような言葉で埋めるのか、誰もがそれを想像する。と同時に、新聞を開いた人も、そこに何を読むかを考えさせられる。

「報民」のタイトルは、同じ発音である「暴民」からとられている。「暴民」と

公民審議

いう言い方が、言葉の不平等性の系譜に連なるものであり、その不平等性を明らかにするところに「政治」が発生することはすでに述べたとおりだが、まさに「報民」はデザイン的にその二重性を実現しているわけである。情報が与えられているようで与えられていない、政府が答えを出しているようで出していない、そうした二重の状況が「黒箱」の正体であり、それを反転して、紙の上の空虚として示している。ここにも空虚から力を取り出してきた芸術の底力と、これをデ

ザインしたアーティストの驚くべき想像力がある。

サービス貿易協定が、特殊で例外的な関係を背景にしていることは冒頭で述べた。二国間の「関係」「協議」「協定」すべて、通常の意味とは異なるのだが、だからこそ言葉の解釈や理解が重要になる。ひとつの言葉が、すでにその内に見方による差異を含んでいるということを意識させる。写真では、光学的な差異を「視差」と呼ぶ。特殊で例外的な状況は、意味的な視差を意識させると言えるだろう。そのためには日ごろから視差に気づくような訓練が必要である。ズレを見逃がさない視力が大切である。


視力がよいことは、芸術の基本である。それが政治の基本でもあることを証明したのが、「反黒箱服貿」の学生たちであった。彼らは審議されていないのに、審議されたかのように見せるという、「見せかけ」に気がついたのである。いいかえれば、民主主義が自らのシミュレーションとして代表制に浸食され、機能不全に陥っていることに気がついた。彼らの視力はそれを見逃さなかったばかりか、議会そのものがひとつの空虚であることを見抜いたのである。さらにそれを「黒箱」と名づけることによって、彼ら自身の想像力を解放したのだった。

今日の革命とは代表制の限界を明らかにし、別の政治のつくり方を考えること、そのための創意工夫に求められる。その実験は世界中で始まっているが、太陽花運動の学生はそのやり方をストレートに示してみせた。彼らの視力は思考の空間だけでなく、現実の空間においても発揮された。彼らは立法の最高機関の建物に、小さな窓が開いているのを見逃さなかった。法の空間はモナドではないから、窓が開いているのである。彼らはそこから入り込み、見せかけの審議の場を、真の審議の場に変換した。すでにそこにあるモノと、自分のバッグのなかに入っているモノだけで、政治をつくりだしてみせたのだ。これもまた解放された想像力がもたらした成果である。

ある場所を占拠するには、その場所は空虚でなくてはならない。占拠とは、空虚を発見することから始まる。この運動は、立法の場が空虚であることを発見し、その空虚に創造の力が潜在していることを証明した。言い換えれば「黒箱」のなかにある「闇」を闇のまま放置するのではなく、箱のなかにある空虚を発見し、これをエネルギーに変えたのである。

空虚のなかに創られたのは、ひとつの秩序であり、ひとつの社会であった。そこで発揮された学生たちの創造の力は驚くべきものである。重要なことは、占拠された立法院が内部に閉じていなかったことである。最初から外部へ開かれており、積極的な広報活動と絶え間のない支援物資の流入、衛生や法的な援護体制を完備することによって、彼らは「黒箱」を壊して見せたのだ。

それは、政府によって審議の外に置かれた者たち、発言する権利をもたなかった者たちすべてに、意見を表明する機会を与えた。民主制では社会の成員に平等が認められているはずだが、それが見せかけにすぎなかったことを「黒箱」の存在は示している。言葉の平等を排除する「黒箱」を壊すことによって、言葉を取り戻す。閉じ込められていた声を解放し、共鳴を生み出してゆく。そこから政治は始まるのである。多くの学生と市民が、議場で、路上で、あらゆる場所で発言している。それは声と紙とメディアによる革命である。

［写真説明］

32–33頁　サンパウロ　ブラジル労働者党の集会　一九八二年
34–35頁　リオデジャネイロ　民主化要求集会　一九八二年
38–39頁　プラハ　ビロード革命成立の日　一九八九年
42頁上　パリ　大学入試改革案反対運動　一九八六年
42頁下　パリ　高校生によるデモ　二〇〇二年
44頁　ロンドン　イラク侵攻反対デモ　二〇〇三年
48–49頁　ロサンゼルス　オバマ大統領当選の瞬間　二〇〇八年
52–53頁　イスタンブール　ゲジ公園占拠　二〇一三年
54–55頁　イスタンブール　タクスィム広場のデモ　二〇一三年
64頁上　パリ　バスチーユ広場の集会　一九八八年
64頁下　パリ　モンパルナス大通り　大学生のデモ　二〇〇二年
68–69頁　西新宿　反原発デモ　二〇一一年
72頁　台湾　新北市　樂生院でのワークショップ　二〇〇九年
88–89頁　台北　太陽花運動デモで配布された「報民」を読む人　二〇一四年
94–95頁　台北　太陽花運動デモ　二〇一四年

第II部　革命のつくり方

01

黒箱

公開透明
反對黑箱。

反黒箱服貿――われわれはブラックボックスの審議、密室の政治に反対する。絵にすれば、黒い立方体。シンプルで誰にも一目で分かり、スローガンだと理解できる。シンボルは解釈抜きに直観的に伝わるところが大切である。この「黒箱」はシンボルが群衆のなかで発揮する力について、多くのことを考えさせる。

黒箱からまず、黒色が生まれた。黒が基調の色になった。誰が決めたのでもない、自然にそうなったのである。しかも短時間のうちに広まっていった。海を越えてそれを知ったのは、Facebookのプロフィール写真が次々と黒に変更されていったからだった。さっそく黒いシャツが作られ、周辺に黒い服が増えていった。黒箱から最初に生まれたのは、テーマカラーである。

国の最高立法機関における審議をブラックボックスと呼ぶのは、相当に強い批判である。黒は批判の対象の色、その意味ではネガティブな色ということになる。その色が反対運動のテーマカラーになったのは、考えてみれば奇妙でもある。それに対抗する色、たとえば白ではなく、批判すべき色をテーマにしたことになる。だがもしそこで対抗する色が選択されていたら、そこで説明が必要になる。なぜその色なのかという問いが発生するからだ。その意味では、黒箱の黒を着たほうがよい。いま何が起きているのかを、短時間のうちに知らせることになるからである。色はサインであり、メッセージであり、批判に転化する。

誰がはじめにそう呼んだのかはわからないが、黒箱それ自体は含蓄のある言葉である。政治的な文脈で言えば、この言葉は一九七〇年代に流行した「行動主義」政治学でよく使われた。その代表はデイヴィッド・イーストンの政治システム論で、これは政治的な決定過程を入力と出力という機械論的なモデルで考える。人々の要求や支持がインプットとなり、それが政策という形でアウトプットされるが、その過程に、政党、立法機関、行政機関がつくる政策決定のメカニズムが存在する。

イーストンは出力がフィードバックされて、入力となり循環するシステムとして機能するような政治を考えたが、実際の研究では入力を数値化し、決定過程そのものは「ブラックボックス」として捨象されることが起きるようになった。心理学上の行動主義が、刺激と反応、入力と出力という図式で行動をとらえ、心そのものはブラックボックスとして扱わないという立場をとるのに似て、イーストン流のシステム論では複雑な政策決定過程の分析は行う必要はない。けっして政治の「ブラックボックス」化を望ましいと考えたわけではないが、入力と出力そしてフィードバックという流れだけに力点を置くように見えることから批判され

ることにもなった。

もちろん黒箱という言葉自体に、行動主義的な響きはない。しかしアメリカ政治学で行動主義が出てきた背景には、それ以前の政治学が法的な制度を中心にしていたのに対して、社会における人間の行動に着目する新しい視点の導入があったことが想起される。黒箱という言葉に含まれている政治理論上の歴史から、「反黒箱服貿」運動を見てみると、現実に「ブラックボックス」化してしまった政策決定過程に対して、人々の行動のほうが法の復権を訴えたという図式になる。人々の行動が、行動主義の「行動」の意味をひっくり返してしまったわけである。

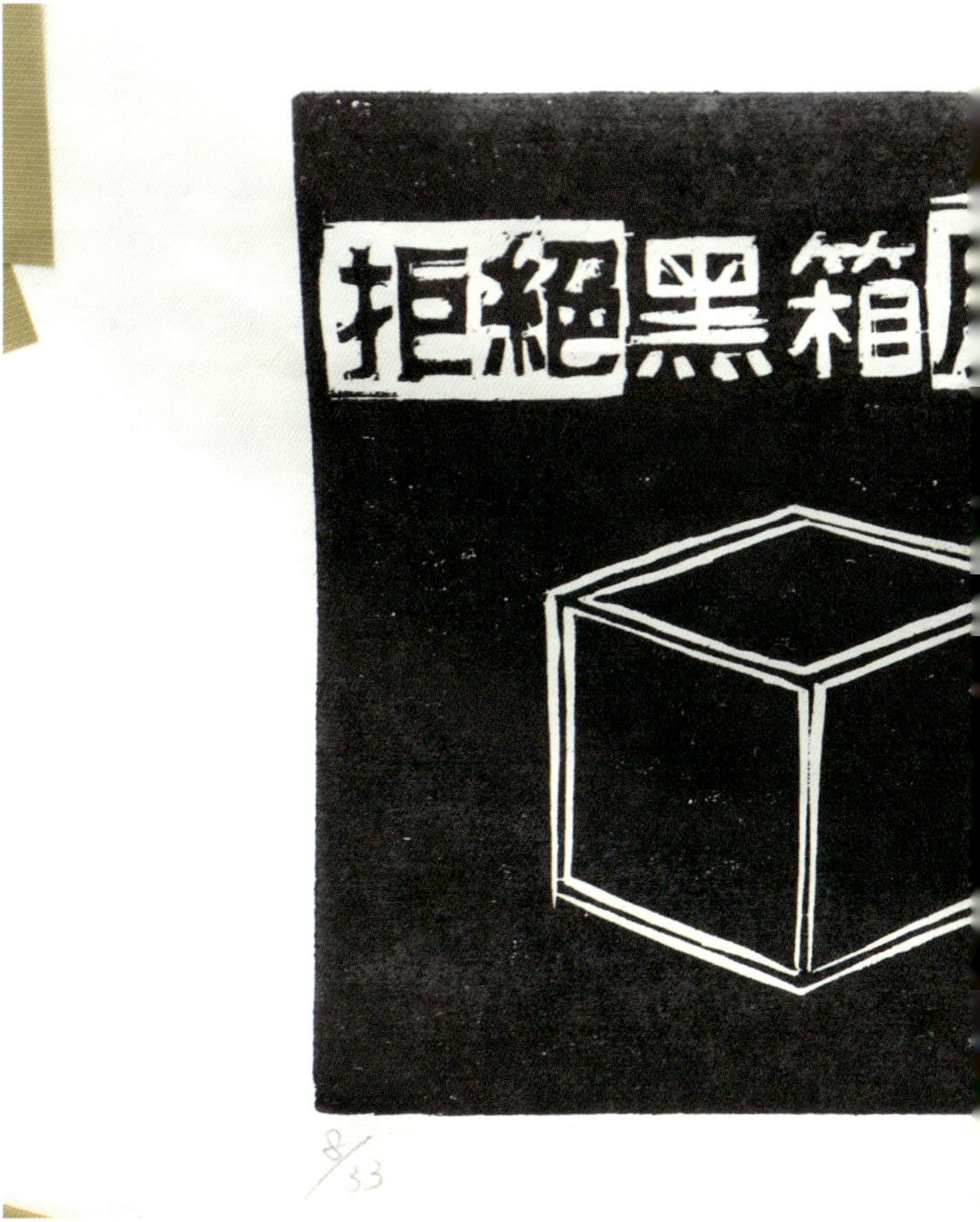
拒絕黑箱
8/53

直接的な行動、参加する人間の心、その場での組織化といった、理論的にはけっして数値化されえない行動のほうにこそ、政治過程そのものがあるということを示したからである。「黒箱」のネーミングは、この点でズバリ当たっていた。

もうひとつ付け加えれば、黒箱は暗箱を想起させる。それは「カメラ・オブスキュラ」と呼ばれた箱で、一方にレンズを取り付けると、反対側の壁面に画像が投影される。その壁面に感光物質を取り付ければ、わたしたちの知る「カメラ」つまり写真機となる。写真の歴史に必ず出てくる装置は、環境を光―レンズ―影という関係に変換し記録するという写真機のメカニズムを集約しているわけである。この関係を逆転したものがプロジェクターで、影―レンズ―光として映像を環境へと投影するわけである。

イメージの記録と投影という二つの機能から見ると、黒箱と暗箱の関係はきわめて興味深い。政策決定の過程を秘密化するために、現代の政治はさまざまなイメージの投影技術を使うからである。現代の政治においてイメージが果たす役割がますます大きくなっていることは言うまでもないが、立法院の「黒箱」をめぐる政権側の対応や既存メディアが報じるイメージには、真実を伝えずにカムフラージュするための「権力の投影」が著しかったことを忘れるわけにはいかない。

革命就是義務
捍衛民主 退回服貿 公民站出來

銘傳校友
捍衛民主

02

議会

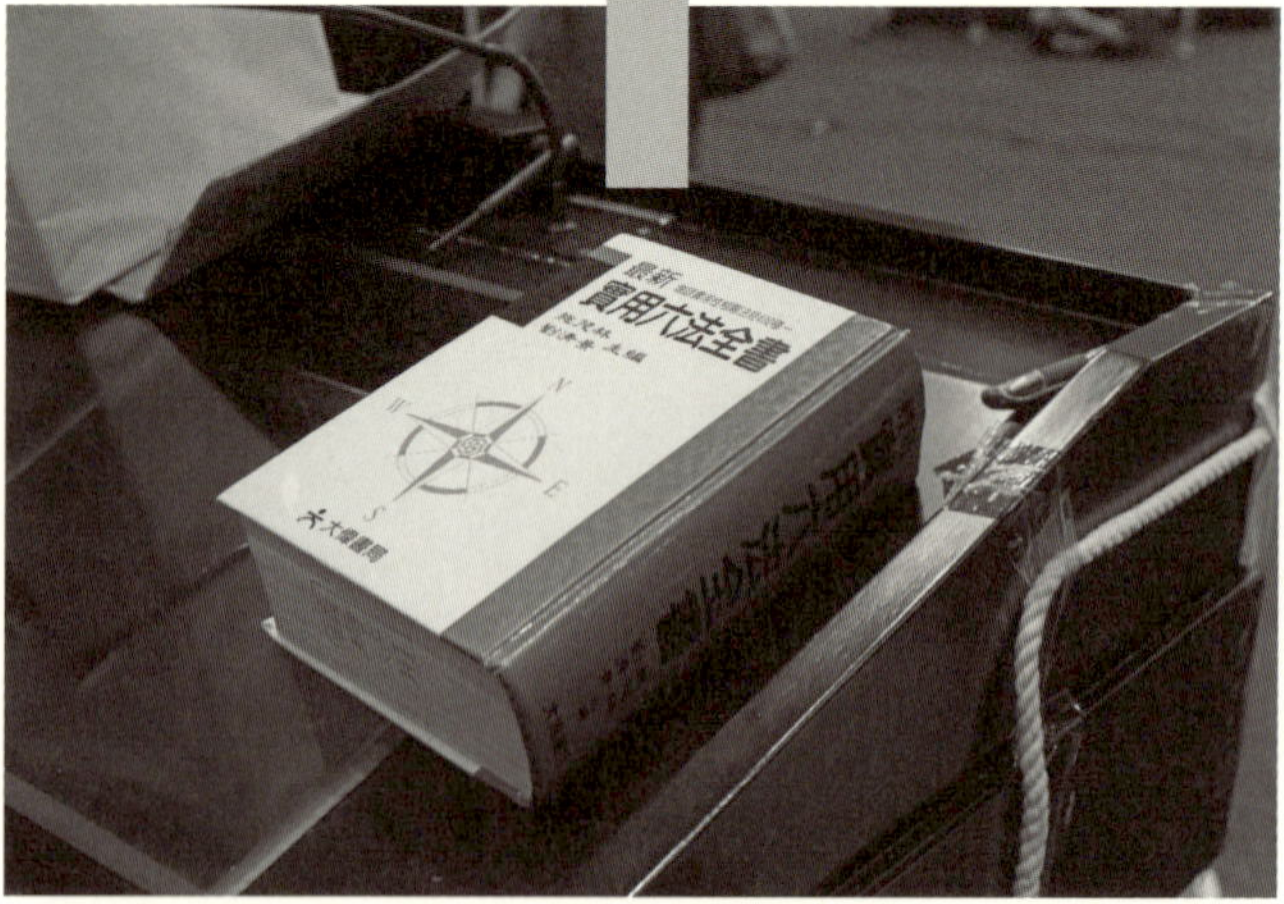

議会は誰もが入れる場所ではない。選ばれた人だけが入り、そこで議論をするための場所である。それが選挙で選ばれた代表であり、その代表に政策決定の権限を託すのが代表制民主主義にほかならない。権限を託された者だけが入ることのできる場所、それが議会である。議会とは建物ではなく、国民が選挙で選んだ人間による、しかるべき活動の場所である。

内部は代表者の空間であり、外部は代表させる側の空間である。内部は立法のためにあり、その法が適用されるために外部がある。内部を選出するのはあくまで外部だが、その外部は内部によって根本的な影響を受ける。都市における法と空間の関係は、ここから始まる。

だが、もし議会がただの建物だったとしたら。審議が行われていない時間、議会は空っぽだ。議会の中心は議場である。審議が行われていなければ、そこはひとつの空間であり、使われていない空間である。立法院の占拠は、議会を物理的な空間と認識したところから始まった。学生たちは、これを空っぽの空間としてとらえたのである。外部から内部へ向かって分断が越えられた。それはひとつの決断であり、ひとつの態度である。

彼らは外部と内部の間に生じた緊張を見逃さなかった。空間の外部と内部には常に一定の緊張がある。『空間の詩学』でガストン・バシュラールはどちらかが肯定され他方が否定されるとき、空間は攻撃的な性格を帯びると書いている。審議の一方的な打ち切りは、まさにそれを引き起こした。それは内部が外部を裏切ったように見えたからだが、そのことの深刻さに内部がどれだけ意識的であったかどうかは不明である。しかし実際、それは深刻な事態を引き起こすことになったのである。ある意味で、それは民主主義が機能しているということの、明白な証拠でもあった。

機能というのは、議会の内部と外部との関係が、その緊張関係において認識されているということである。内部が作る法は外部に影響を及ぼすから、外部は内部の活動を注視しなくてはならない。行動主義的な「黒箱」理論では、政策という出力は入力へとフィードバックされて、国民の要求と指示に影響することになっているが、「黒箱」自体がそれを理論的に保証するわけではない。国民の経済や生活に直接的な影響がある法案が焦点となった場合、内部への注視は一段と厳しさを増すだろう。

だが議会の内部と外部の関係は、それだけにとどまるものではない。バシュラールが簡潔に述べたように、どちらかを肯定するのではなく、重要なのは外部と内部との間に弁証法的な関係をつくることである。緊張をもちながらも空間から攻撃性を取り除くには、それ以外にない。内部を否定し外部を肯定するだけでは、むしろ攻撃性は増大して暴力を招かざるを得ない。

その弁証法的な解決は街路にあった。この点で台北の都市計画と立法院の位置は決定的な意味を持っている。立法院は行政関係の建物が集まる一角で、東京なら霞が関に相当する。しかし建物を一歩出れば商店があり、さまざまなサービス業が軒を連ねる生活空間の中にある。近くには公園や博物館もあり、その先は中央駅にあたる台北駅周辺の繁華街である。議会が衣食住を含む日常生活と接しているのだ。その日常生活のもっとも重要な空間が街路であり、それが内部と外部をつなぐ第三の空間である。

反黒箱服貿の議論は、占拠された立法院のなかで行われたわけではない。数としては、周辺の街路に座り込み、議論に参加したほうが圧倒的に多く、それがデモンストレーションにも拡大していったのである。この路上で展開されたさまざまな活動が、内部と外部との緊張関係を攻撃性へと向かわせず、弁証法的な関係へと転化したことが、運動を成功に導いたのではないだろうか。

街路とはミクロな関係性の集積である。不特定多数の市民が行きかい、それぞ

れの日常の関係性を通して、いまそこで起きていることを理解し、意見を交わし、行動する。そこには単に支援という言葉では表すことのできない、感覚的な関わりと知的な理解が同居する行動がある。歩行する人間にとって空間の感覚的な把握と、知的な理解は切り離すことのできないひとつのアクションである。議会周辺の街路を歩くことも同じであり、感覚的な把握と知的な理解が、それと知らずに弁証法的な空間を作っている。

外部と内部はその関係を逆転させたが、もし街路からの参加が得られなければ長くは続かなかっただろう。

Free
完成兩岸協議監督
先立法 再審查
朝野立委協力 與人民

民主審議服貿
TAIWAN

青年奪回國會
馬英九恢復戒
Free TAIWAN
完成兩岸協議監督條例
先立法 再審查
International Contact

03 ひまわり

溫柔的力量

立法院占拠は三月一八日に始まったことから、当初は「318学運」あるいは「占領国会事件」などと呼ばれたが、その後ひまわりの花がシンボルとなり、「太陽花運動」が通称になった。「ひまわり学運」「318公民運動」などという呼び方がある。いくつかの説があるが、立法院が占拠された最初の夜、一本のひまわりが外部から贈られ、これが議場中央の演台に置かれた。その様子がニュースやネット経由で広まり、支持者や学生らがひまわりを差し入れるようになり、シン

拒絕黑箱
TAIWAN
FREE!

ボルとなったようである。

台湾ではすでに、一九九〇年三月一六日に発生した「三月運動」が「野百合運動」と呼ばれ、二〇〇八年冬には発足して間もない馬英九政権の集会規制などに反対して起きた「野イチゴ運動」など、草花の名を冠した学生運動の系譜がある。フラワーチルドレンを思わせるが、ひまわりもそのつながりのなかで生まれたものだろう。占拠された路上では、鉄条網などにひまわりだけでなく、白いユリの花もたくさん飾られている。野百合運動では大学生が中正紀念堂広場で座り込みハンストなどを行ったが、その時点で戦後最大の学生運動として後に「学運世代」と呼ばれるほど、民主化に深い影響を与えた。当時総統だった李登輝は学生側の要求を受け入れ国是会議を開催している。太陽花運動でも李登輝はテレビインタビューで学生に理解を示したが、野百合からひまわりへの流れには、世代を超えた連帯が示されている。だが運動の規模は大きく異なり、それが実際に贈られたひまわりの数にも反映している。新聞報道のなかには二十万本の花が南部から贈られたともあり、運動の期間の長さと参加者の多さを物語っている。ちょうど台湾南部では出荷シーズンにあたっていたこともあるが、それは農村から都市への、あるいは南から北への支持の表明でもある。

國家標準時間
NATIONAL STANDARD TIME
12:42:19
溫度·28.8℃

04 身体性

路上に何千人もの人が座っている。段ボールやビニールシートを敷き、ペットボトルと日除けの傘を準備した人々は、立法院の周囲の道で日夜、集会を開いていた。議場内部だけでなく、路上も占拠されたのである。議場のある建物前には中庭があり、そこが定例の記者会見の場所になっている。学生が占拠する議場、それを支持する学生や市民の集会が開かれる路上、そしてその間をつなぐ中庭という空間構造を通して、刻々と言葉が生産され、広まってゆく。

集会に参加しているのは一般の市民や大学生ばかりではない。高校生、中学生の姿もあり、それぞれが自主的な討論会をシートの上で開いている。誰がもって

行人優先

天然水
H2O

太陽花理
天然水
H2O
EXP2015/02/11

きたのか、通りには共用のホワイトボードや掲示板が備えられている。スクリーン、プロジェクター、スピーカーがあり、無料のネットエリアの看板がある。ひとことで言えば、机と椅子がないだけで、学内とほぼ同じ環境が路上に成立している。違いと言えば、その同じ場所で大勢の人が食事をしたり、仮眠をとったりしていることだ。短い時間であれ日常的な生活を共にしている。

一日だけのデモや数時間で終わる集会との違いは、議論や抗議だけでない日常的な営みを通して情動が生まれ、それがゆっくりと広がってゆく点である。ウォールストリートやタハリール広場の占拠に際してジュディス・バトラーは、憲法で保障されている「集会の自由」について再考しながら、集会とはなによりもまず、身体性において発生するものであると書いている。あらゆる政治的な主張に先立ち、まず人々の身体が同じ一つの場所にいっしょに存在することが、すでに「民衆であること」の主張なのだということである。

これは単純なことを言っているようで、当を得た意見である。政治集会はその主張や要求によって理解されるが、それに先立つものが重要なのである。柄谷行人は、デモと集会の区別を斥ける発言のなかで、動くことや歩くことに深い意味を認めている。デモは集会のひとつのかたちであり、「動く集会」である。人々が集まって歩いたり動いたりしている「動く集会」には、「直接的な民主主義がある」と述べている。

実際、身体がたくさん集まると思いがけないことができる。ウォールストリートの占拠で、拡声器をはじめ電気的に音声を増幅する装置の使用が禁じられた時、参加者はこれに対抗して「人間マイクロフォン」を使った。発言者の言うことを、フレーズごとにみなで反復する。時間差はできるが、耳にしたことをそのまま復唱するだけなので、確実に伝わってゆく。ひとりの身体では出来ないことが、群衆として出来るようになるわけである。

反対にまったく声を出さずに、ただ立っているだけの群衆もある。イスタンブールのタクスィム広場では公園からの強制排除の後、ひとりの男が無言のまま広場に立った。それを見た人が同じように立ち、数日のうちに無言のまま広場を見つめ立っている群衆が発生した。最初に広場に立った男性は俳優である。集団パフォーマンスとして黙ったまま立ち続ける人々は、「人間マイクロフォン」の沈黙版であろう。群衆の身体にはこういった力もある。

三月三〇日の「黒潮」デモの存在感は何よりもまず、身体から生まれていた。政治的主体は具体的である。

05

配置図

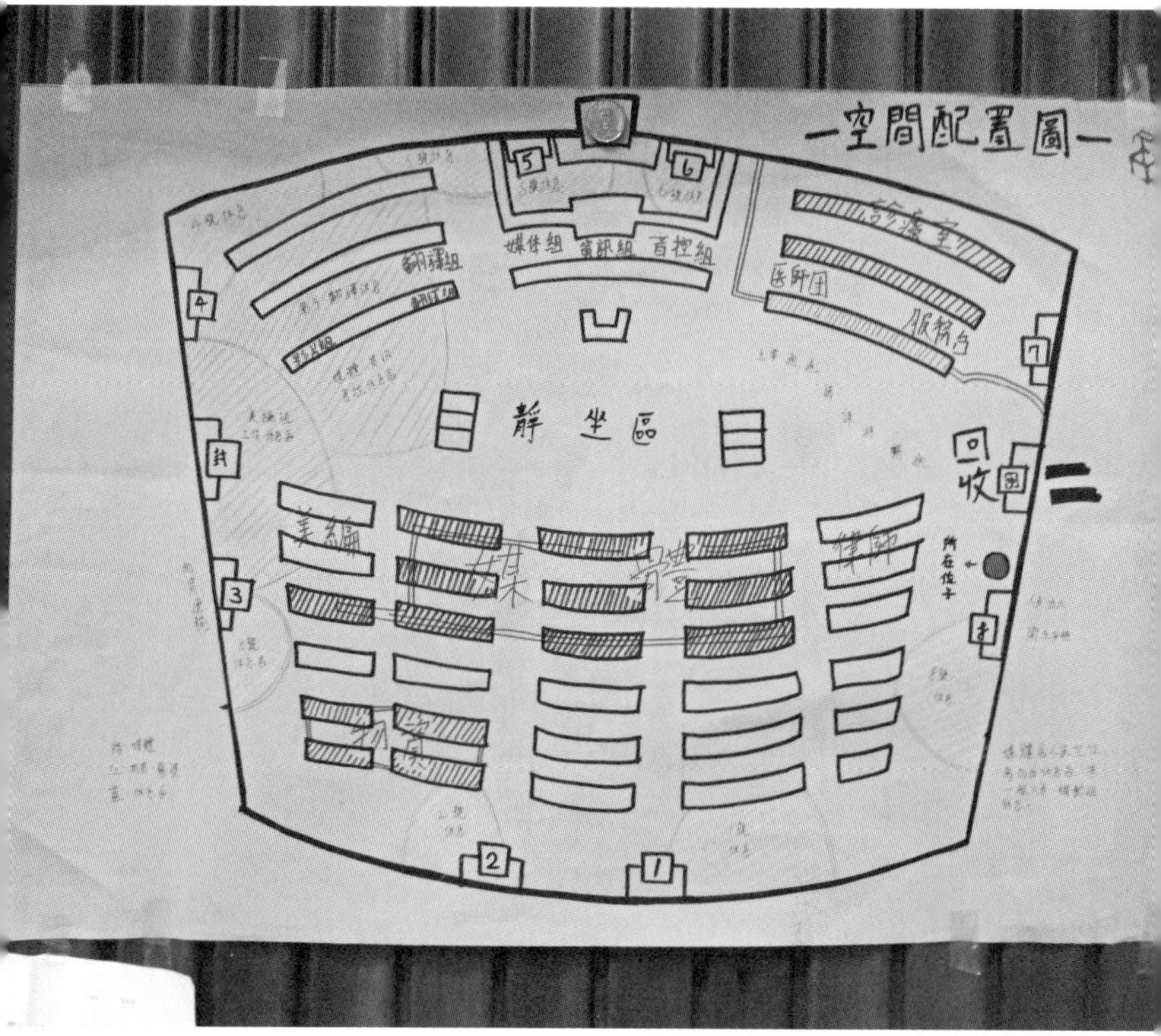

一空間配置圖一
媒体組
資訊組
音控組
靜坐區
服務台
回收
美編
律師

太陽花運動の組織力については、これを支援する側はもちろん、批判的な既存メディアも認めていた。特に議場内部の整然とした様子は、それがきわめて短時間のうちに作られた点で特筆すべきものである。内部は大きく、議長席側と議員席側に分かれ、その間に演説用の演台が置かれた空間がある。正面向かって右に診療部があり、ここに医師と看護士が二四時間体制で常駐している。その正面に法務部があり、数名が弁護団を形成している。前頁にある「空間配置図」の右下が唯一の出入口でそこに一番近いあたりに、医療と法律という緊急を要するサービスが陣取っているわけである。

議長席をはさんで反対の左側には翻訳部があり、各国語に対応するスタッフが常駐している。中央がメディア対応の窓口で、ここが細かい問い合わせに応じている。議員席の中央部分は、メディア用のゾーンで各局の中継カメラが据えられ、その間で記者やフリーのジャーナリストたちがPCに向かっている。その左側が学生側の映像編集で、動画、静止画による記録撮影を行い、インタビューなども彼らが行っている。「媒體」と表示されたメディア用のゾーンの両側に法律と編集が配置されているというのも興味深い。

議員席の最後部、議場の奥はさまざまな日用品のサプライを行う「物資部」である。食糧、飲料水、着替え、寝袋、衛生用品と必要なものはここで供給されている。入口近くにはゴミの回収箱があり、議場で出たゴミはここで分別されて、随時外に持ち出されている。およそ以上のゾーニングが、あたかもずっとそうであったかと錯覚を起こすほど、整然と機能している。「占拠」という言葉から想像する混乱とは程遠い、機能的な組織配置に外部から訪れた支援者や外国のプレスが瞠目するのも無理はない。

学生たちは立法院を退去する際に、これらをきれいに片づけ元通りにし、後から入ってきた警察や政府関係者を驚かせた。まるで美術館を使って展示をした後、作品をすべて撤収し、原状復帰したようなものである。占拠は一時的なインスタレーションで、目的が完了した後には元通りにして返す。アート的な考え方というほかはない。こうした一連の行動によって太陽花運動は「占拠」の新たなコンセプトを明快に示したと言えるだろう。

06

診療部

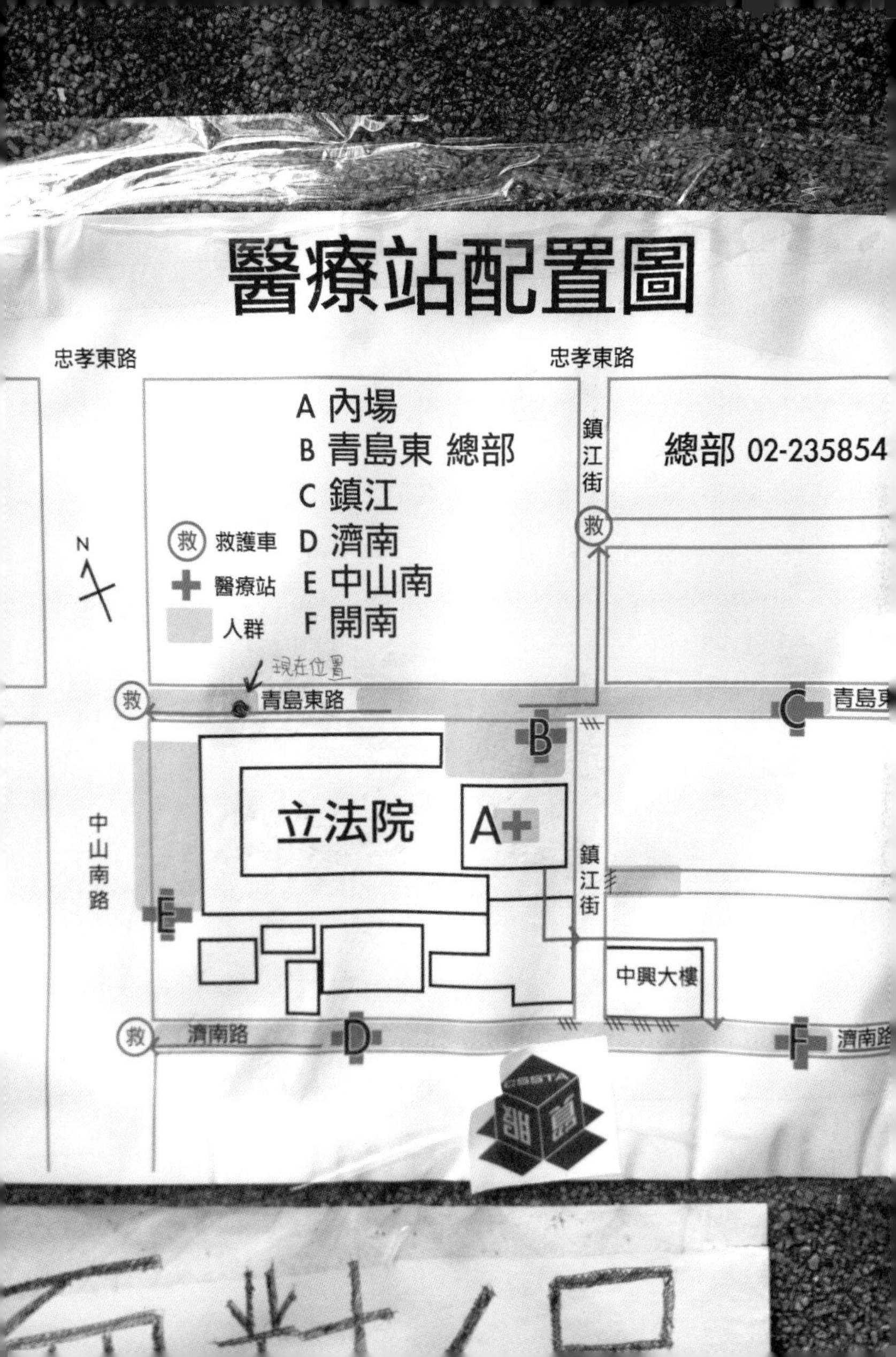
醫療站配置圖
忠孝東路
忠孝東路
A 內場
B 青島東 總部
C 鎮江
D 濟南
E 中山南
F 開南
救 救護車
醫療站
人群
N
鎮江街
總部 02-235854
救
現在位置
青島東路
青島東
B
C
立法院
A
中山南路
E
鎮江街
中興大樓
濟南路
D
F
濟南路

当たり前のことだが、議場の空間は議会が開かれている間だけ、使われるように設計されている。生活するようには出来ていない空間に、寝泊まりをつづければ、体調が悪くなってもおかしくはない。議場の内部でも、また座り込みのつづく外でも、いちばん目立つのは「診療」と大書されたゾーンで、ここに医師団が常駐していた。国立台湾医大の学生や医師、看護士を中心としたメンバーが交替制で二四時間勤務しており、これが心理的にも大きな支えになったことは疑いない。議場への入場時には消毒のサービスがあり、中ではときどき看護士が検温に回っている。

診療部にはビタミン剤やドリンク剤も用意されている。診療部に近づくと、すぐにどう調子が悪いのかと聞いてくるくらいで、普段よりも徹底した健康管理が行われていることがわかる。医師団は数時間ごとにグループで交替していたが、そのたびに議場内でも外でも拍手がおこっていた。議場の壁際はすべて、休憩用のゾーンになっている。二四時間交替で活動をつづけているため、常に学生の何人かはそこで横になり睡眠をとっていた。五八五時間という驚異的な長さの占拠を実現したのは彼らの情熱以外の何ものでもないが、それを支えたのはケア体制である。

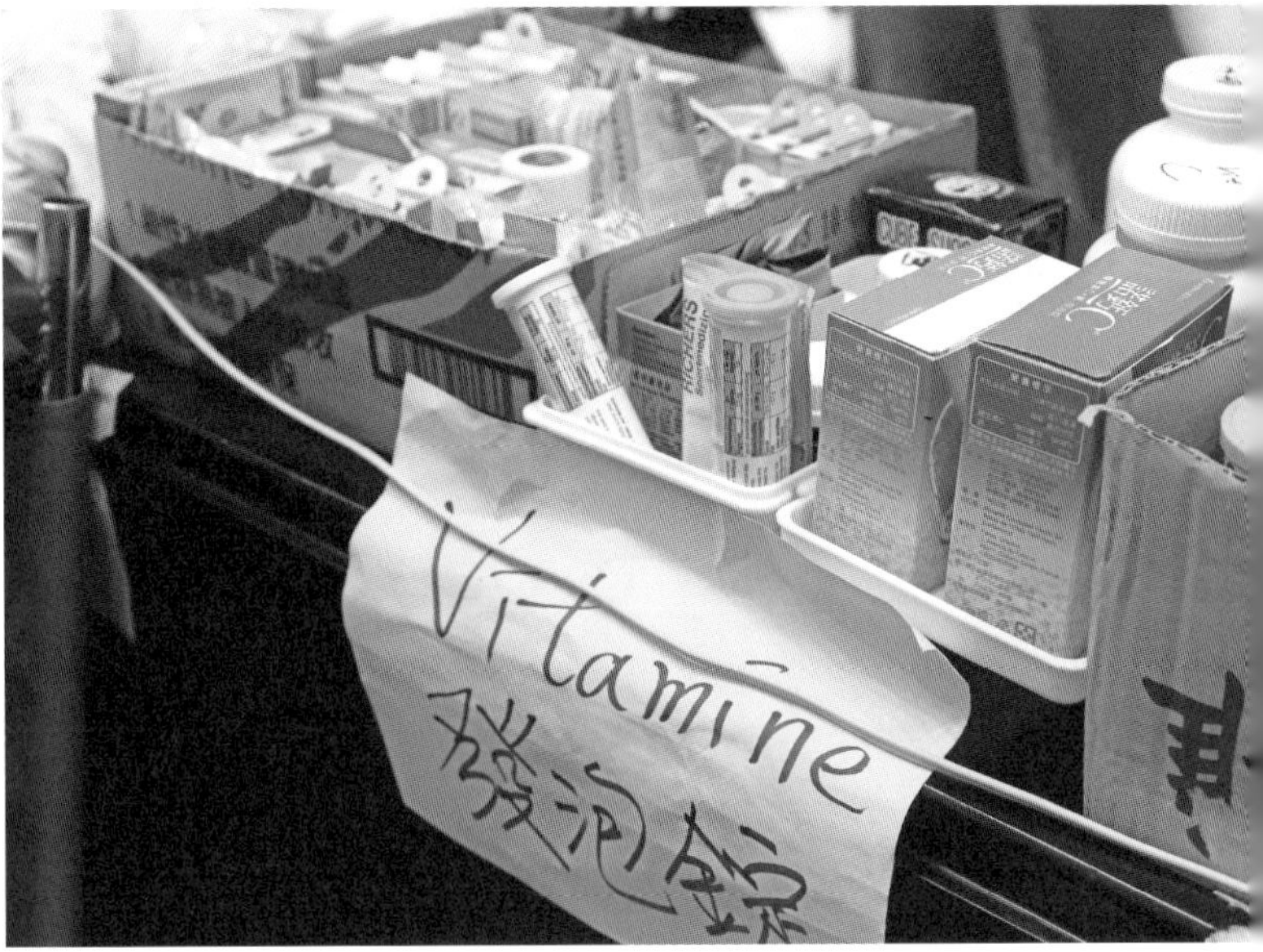
Vitamine
発泡錠

07 翻訳部

佔領
244小時
九趴總統威脅
立法院三秒過關
聽見自由的聲音
台湾の学生さん
がんばれ!!!
翻譯部
Translators
翻譯/外電組
International
Contact
反黑箱服貿

占拠は議会の空間的な構成を完全に改変している。一段高い議長席は空で、その代わり空き瓶を使った小さなモニュメントが作られている。モニュメントに書かれている文字は「民主」。およそ世界中の国会のなかで、議長席に「民主」の文字のある議会などないのではないか。その上にヒマワリが一輪さしてある。バックは孫文の肖像画である。議長席の裏にある扉はふたつともバリケードで塞がれて、その下は休息ゾーン。「翻訳部」とボール紙に書かれたコーナーは、そこにあった。

英語、ロシア語などをはじめ、占拠一週間後にはすでに一〇か国語に対応している翻訳部は、語学系の学生を中心にさまざまなサービスに対応していた。日本語通訳も三人いて、学生側のコミュニケを日本語にして発信するいっぽう、議場内でも外でも積極的に取材に応じていた。働いているのは学生ばかりではない。すでに卒業して仕事についている翻訳家も手伝いに通っていて、さまざまなテキストの英語訳や独語訳にあたりながら、外国のプレスの取材があると、その通訳も行っていた。

運動はその始まりから国境を超えて伝わり、次々と支援の輪が拡がっていったが、それには多国語対応の速さが効いている。「翻訳部」は議場内だけではない

:: 服貿開放《第二類電信服務業》之影響分析
第一類電信服務業指的是
第二類電信服務業指的是
台灣開放內容
存轉網路服務
Store & Forward Network
傳真存轉
數據網路服務
交易服務
存取網路服務
Store and Retrieve Network
語音訊息
統合訊息服務
線上資訊接取
電子資料交換
電子文件服務
電子佈告欄（BBS）
數據交換
Data exchange
數據通信
電信業者設置網路設備
Asynchronous Transfer Mode
疑慮
網路行為恐遭監控
存取行為遭監控、過濾與攔截網頁資訊...etc
BBS
PTT
大陸國安單位
恐監控、影響網路安全
個人隱私權問題
資安問題
國安問題
疑慮
取得經營網路機房的資格
個資與隱私外流、國安機密外洩...etc
中國開放內容
僅允合資企業
新增福州市為試點城市
允許在福建設立合資企業
離岸呼叫中心業務
DATA
提供數據機處理與交易
Department of Design, National Taiwan Normal University
...g Yi, Chiu Ya Wen, Chang Tzu Shin, Lee Pei Chuan, Shau Tien Chi, Kuo Shao Wei, Huang Wei Hsuan

のだ。世界中の人々が、学生からの発表やニュースをそれぞれの国の言葉に翻訳している。動画の場合は翻訳し、字幕を付ける。ウィキペディアでは「立法院占拠」の項に、現時点で中国語の他、英語、スペイン語、フランス語、タイ語、ベトナム語、日本語の各国語版が掲載されている。議場内部の意見はほとんどリアルタイムに各国語で共有され、それがフィードバックされてくる。ネットでつながった時代のスピード感とはこういうものだろう。

God bless Taiwan
點亮民主的燈火
佔領
244
小時
民主
總統威脅
President Ma forced
the parliament to pass
Strait Agreement on
seconds
765
30
52
GOOD
NORMAL
POOR
ppm
°C
%RH
2014
3 27
THU
13:59
Year
Month
Day

08

非常通路

佔領
244小時
聽見自由的聲音
民主審議
爲民生
黑箱服貿

立法院前の通りは全面通行止めである。学生や市民の座り込みが道路いっぱいに広がり、パラボラアンテナを備えた中継車が何台も列をなし、大型スクリーンが備えられている。国会が占拠されているのだから当然といえば当然だ。その群衆でひしめいている道の一方に、一メートルほどの幅の空間がある。知らずに歩く人がいると、すぐに学生が「出てください」と声をかける。非常用に空けてある通路なのである。立法院の前から次のブロックへと通じる道路に備えられたこの日常用の通路に気づいたとき、私はこの占拠がもっとも重要な部分を押さえていることを理解した。

それは弱い者に対する配慮であると同時に、弱い者でも参加できるよう、万全の体制をとろうとしている努力である。実際に議場内部から車椅子で出ていく様子や、炎天下の集会で体調不良を訴えた学生を担架で救急車に運ぶ様子を目撃した。どちらの場合も「通路」が設けてあるせいで、一瞬にして群衆の外側へと運び出していたのである。

三〇日の大規模集会で目撃した光景も、このことに関係している。五〇万人と言われた大群衆には家族連れや子どもの姿も多かったが、そのなかに、看護士に押してもらいながら参加した車椅子の老人がいた。点滴のチューブが片腕にとり

つけられたまま、病室からそのまま出てきたような姿だったが、力を振り絞って参加していることが遠目にも見てとれる。世界各地で抗議する群衆を見てきても、点滴をしながら車椅子で参加する姿を見たのは、それが初めてだった。

09 教室

永順
機車
保養
KYMCO
輛改道
禁止
禁止

空間と時間の使い方を変えるには、工夫が必要である。たとえば学校の授業科目名を書いた札が、路上にかかっている。今日の授業は路上でやります、ということである。あるいは「民主教室」と大書した段ボールを掲げて立っている学生がいる。矢印の方向は立法院である。どちらもただの札や看板ではなく、実際に教室が路上と議場で開いていた。先生と生徒がそこにいて、授業が成立していたということである。

こうした工夫は世界中いたるところで展開されているもので、二〇〇八年秋にフランスで起きた学生と教員のストでは、長期化するにしたがって学生らと大通りを歩きながら行われるゼミが広まった。逍遥学派ではないが、少人数ならばゆっくりと歩きながら議論することも可能だろう。都市のギリシア哲学にはそのほうが似合うかもしれない。

議場での授業は車座の討論が多かった。サービス貿易協定を図解し、これを元に真剣な議論が繰り広げられていた。それにしても民主主義について学ぶのに、これ以上にリアルな環境はないだろう。議会を「民主教室」と呼んだ若者たちは、おそらくこの経験を生涯忘れることはないにちがいない。

今日科目
社會科
數學
English
TOEIC
物理
數學
數/物
英文 公民
歷史 生物
社會心理學
生物
Biology
數學/物理
測驗實務
會計
化学

10 交通標識

立法の空間が占拠され、そのすぐ外の空間もまた占拠されたとき、まず起こるのは認識上の変化である。いつも車で通る道に人が溢れて通れない。昨日までの道が道でなくなり、何か別の場所に変わってしまっている。そこではじめて、道が何によって道になっていたかに気づかされる。道を道にしているのは法であり、その法が生まれるのが壁の向こうにある空間だということだ。そうした認識上の変化があちらこちらで起こっている。

Navigation → Back
指標 → 外交領事部"後門
of Foreign Affairs
濟南路
Jinan Rd.
外交領事部 Foreign Affairs Office
Bureau of Consular Affairs
The Position Now
現在位置
The Back Gate
後門
徐州路
Xuzhou Rd.
中山南路 Zhongshan S. Rd.

車道にはたいてい矢印がある。世界中どこにでもある通行標識だ。誰もがその矢印に従い、車を走らせる。そうでなければ、事故が起き、都市機能はマヒするだろう。その矢印を段ボールで覆い、別の矢印をマーカーで描いてある。座り込みの人々によって占拠されている周囲の路上だけ、方向が変えられている。そうしなければ、知らない車が入ってきて事故が起きかねない。

この光景からふと思い出したのは、いわゆる「プラハの春」でワルシャワ条約機構軍がチェコスロヴァキアの首都プラハに侵入した時のエピソードである。非暴力で立ち向かった市民は、一夜にしてあらゆる交通標識や地名のプレートを引きはがし、「敵」の戦車や装甲車は立ち往生してしまったという。外来者は地図が現実に対応できなくなり混乱したのだが、この戦術は現代ではあまり機能しないかもしれない。グーグルマップでたちどころに現在地が把握できてしまうからである。

台北のど真ん中で、ボール紙で「修正した」標識が機能していることは、GPSの時代だからこそ、の戦術だといえるかもしれない。日常が日常であるかぎり、道はただの道である。だが議場の内部と外部との関係が逆転すると、空間の政治性が顕わになる。車道に座り込むこと、矢印に逆行すること、壁に寄りかかること、こうした行動を禁じるのは内部だが、外部はそれを書き替えようとするので

ある。段ボールに矢印を書くことは、誰にでもできる。車道の矢印の上に張り付けられた一枚の紙は、空間の政治性を明らかにするとともに、内部と外部の二重性を示す。

11 具体性

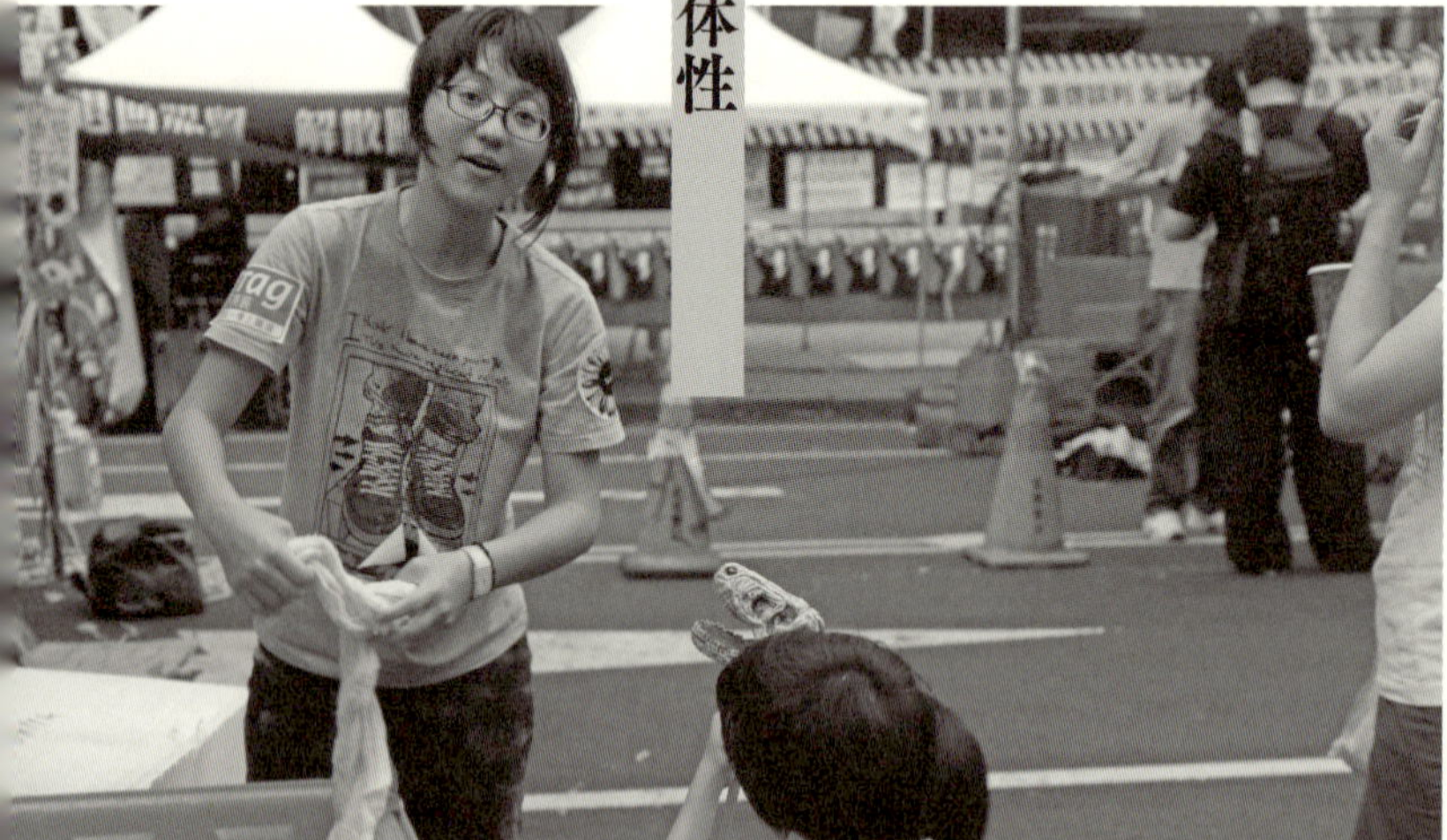

主張が一貫していること、要求が具体的であること、情報が速いこと。運動の強度にとってどれも重要な要素である。太陽花運動はこの三つがうまく組み合わさり、それが運動の成長と継続を可能にしたと言えるだろう。占拠という非日常的な時間を共有できたのは、三つの要素に加えて、独特のユーモアやクールさを失わない感覚があったからでもある。それは自然に生まれたものである。概念ではなく具体的なものである。

真理は具体的である。

劇作家ベルトルト・ブレヒトはドイツを離れ、チューリヒ、パリを転々とした末、デンマークのフューン島スヴェンボリ近郊に移り住んだ。片田舎の藁葺の農家に仕事場をかまえ、その扉に「真理は具体的である」と書いた額を掛けていた。ナチスの侵略が拡大する緊迫した状況のなか、ブレヒトはロンドンやパリの亡命者らと接触しながら、この言葉を自らへの警句としていたのだろう。情動と感覚が多数によって共有されるのは具体的な行動を通してであり、行動に具体性を与えようとする努力である。だから群衆はモノを作り、言葉を書き、声をあげねばならなかった。その具体的なプロセスこそが政治的主体である。真理はどこか遠くにあるわけではなく、そのプロセスにある。ブレヒトの言葉は、世紀を超えて生きている。

12 結び目

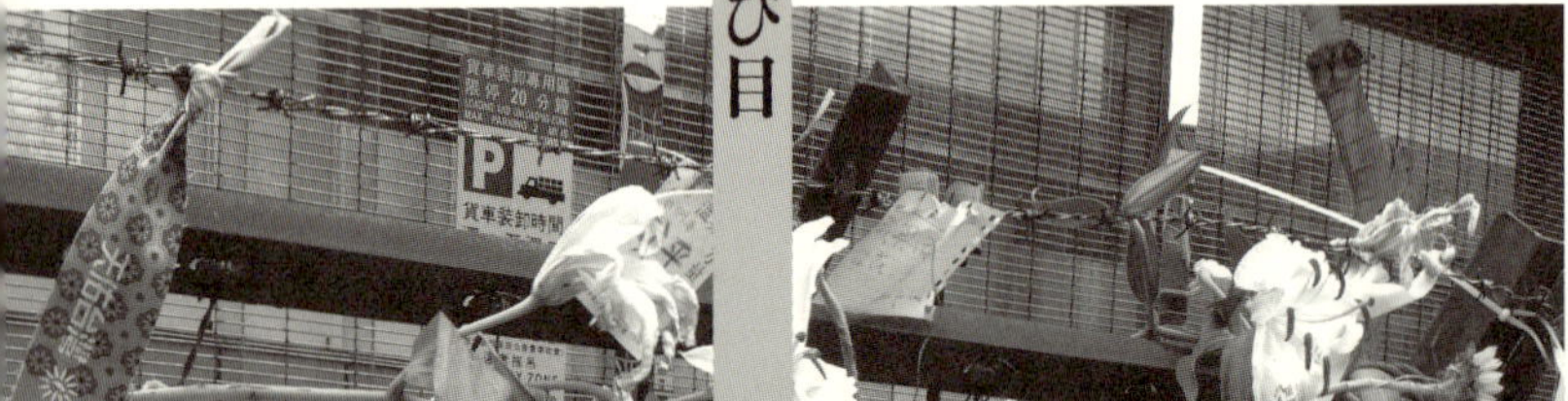

ひとつの入口を除き、議場への入口を塞いでいたのは、箱や椅子を積み上げて作ったバリケードである。椅子は議員用の大型の椅子を組み合わせ、ロープと紐で固定して作り上げたものだ。不安定なように見えるが、実際はしっかり固定されていてびくともしない。いい加減にロープを巻いてあるわけではなく、大小の結び目をいくつも作りながら固定しているので、どの方向から押しても動かないのである。

議場の中はバリケードのロープだけでなく実に多くのコード類がひしめいている。携帯電話の電源コード、カメラやＰＣの接続コード、外から引っ張ってきているネットの回線ケーブル。無数のケーブルやコードが縦横に走っているが、ど

點亮民主的燈

れも床や壁にテープで固定され、躓くことはない。このあたりの細かい作業にオーガナイズの徹底ぶりが現れている。

議場の二階へ上がる階段にもバリケードがあったが、こちらは椅子ではなく扇風機を組み合わせて作られていた。大型の水色の羽根が階段に集められているのだが、現代美術的なインスタレーションに見える。考えてみればクリストが一九六〇年代初頭にパリの街路にドラム缶を積み上げて壁を作ったとき、それはすでに一種のバリケードでもあったのだ。インスタレーションのように見えるというのは間違いで、パリの市街戦で作られたバリケードの記憶が、美術へ流れ込んだというほうが正しいだろう。実際ヴィクトル・ユーゴー原作の映画『レ・ミゼラブル』（二〇一二年）で描かれたバリケードの表象は、多くの若者に共有されていた。

後年クリストは、ベルリンの旧ドイツ帝国国会議事堂を銀色の布で梱包した。国会議事堂をそのまま作品に変えてしまった例として、美術史に残るであろうクリストの代表作のひとつである。それはドイツ統一の政治的シンボルとしてのイベントでもあったが、立法院占拠を共同的な制作として見た場合、そのクリストの作品でさえ古典的なインスタレーションに思えてくる。

13 サプライ

台北の三月は、東京の七月の気温である。ところが空調がストップしたせいで屋内の気温が上昇して、息苦しい状況になった。学生らの健康が心配されだしたとき、ある電気店がボランティアで空調を設置し、二階の窓から巨大なブロワーで新鮮な空気を送り込むことに成功した。ネット上で彼の名がすぐに有名になったことは言うまでもない。飲料用の水も次々に届く。路上にはペットボトルが入った段ボールが長い壁を作っているほどで、ある日、運動用に特別にデザインされた水が届いた。通常のペットボトルだが、ボトルの半分に黒いプラスチックが巻かれていた。

水や電気などインフラストラクチャーは生活を支えるものであると同時に、群衆による議論のテーマでもあった。台湾では日本の反原発運動に連動し、通称「核四」、第四原発の建設中止を求める運動が行われてきた経緯がある。太陽花運動にもそれは流れ込んでおり、路上では連日反原発の集会が開かれていた。占拠は政府に対する多様な抗議運動の間に連結を作りだしていたのである。その連結は占拠終了後にさらに強まり、反対運動の前に政府は工事の凍結を約束せざるをえない状況に追い込まれた。

福島の原発事故は、日本人がエネルギーという日常的には目に見えない、巨大

な対象を具体的に考えるきっかけになった。すべての事故は、モノに潜在している日頃は目には見えない関係性の絡まりを顕わにする。具体的なモノを使い、政治を具体的に考える状況を作りだすのである。太陽花運動もその意味では、議会という具体的なモノをひとつの対象として、貿易協定という、目には見えないが巨大な関係性の絡まりを、一気に可視化したと言えるだろう。

14 都市の模型

これは立法院の前を通る座り込みの中心区域、青島東路の真ん中に置かれていた段ボール製の立体模型である。立法院を中心にして東西南北の二ブロックほどが、建物も含めて再現されている。よく見ると既存の建物だけでなく、集会用に設置されたテント、中継車、通行止めの標識などが紙や楊枝で作られていて、占拠が始まってからの一帯のリアルな模型だということがわかる。模型の周囲にはペットボトルなどの段ボールの空き箱がたくさんあり、わきには、鋏やカッター、

SUBWAY
潛艇堡·沙拉
波蜜
Vege-Fruit Juice Drink BCE
果菜汁βCE
250MLx24

糊やテープ類など道具一式が入った箱が置かれている。まるで工作教室である。座り込みの間にきっと大人と子どもがいっしょになって、作り上げたのだろう。

世界各地の占拠やデモでも、こういう光景を目にしたことはないので、本当に驚いた。段ボールが大活躍である。台湾はフルーツの国だ。新鮮な果物はたいてい段ボールの箱で届けられる。ペットボトルの飲料水もそうである。だから材料にはことかかないのだ。事情を知らなければ、段ボールと文房具で何ができるかという市民参加型ワークショップの光景と勘違いしそうだ。

段ボールの厚みは、いろいろなことに使える。周辺の政府関係の建物には鉄条網が巻かれた鋼鉄製の柵が張り巡らされている。柵には先のとがった剣のような突起がいくつも取り付けられており、うっかり転んだりすると大怪我をしそうなのだが、学生たちはその鉄製の柵にもたれて読書をしたり談笑している。近づいてみると、段ボールを二つ折りにして柵に立てかけ背もたれにしているのだ。鋼鉄製の柔らかい紙が剣の先端を吸収し、防御柵が簡易ソファになっている。柵にはヒマワリやユリの花が飾られ、小さな紙片が添えられている。なかには「柔よく剛を制す」と印刷された紙があって、運動全体の基本的な姿勢と理解できる。

15 歌

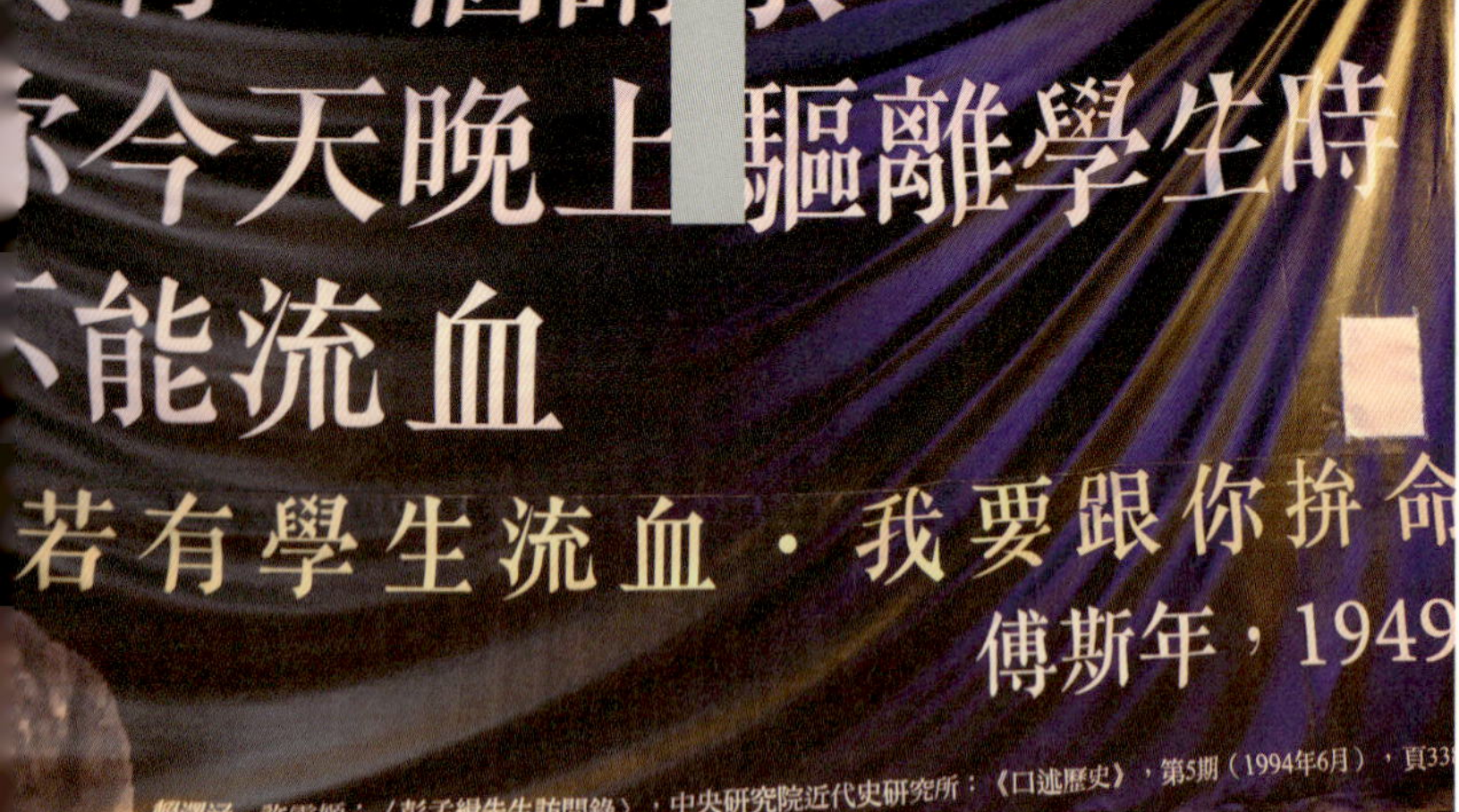
我有一個請求
你今天晚上驅離學生時
不能流血
若有學生流血．我要跟你拚命
傅斯年，1949
賴澤涵、許雪姬：〈彭孟緝先生訪問錄〉，中央研究院近代史研究所：《口述歷史》，第5期（1994年6月），頁33

「島嶼天光」は滅火器という人気グループが中心になって制作し、占拠された議場内で録音してネット配信したところ、爆発的に流行した歌で、実質的なプロテストソングである。島とは言うまでもなく台湾を指す。二十四日未明の警察による暴力的鎮圧を受けて滅火器のリーダー楊大正が作詞したと言われ、それが「夜明け」の語に込められている。「今度は守る番だ」「何日経ったか忘れてしまったけれど」など、短い歌詞のなかに運動の歴史的な関係やその時点での推移が反映

Free

されているが、途中に現れる「もう何も怖くない」のフレーズは、二〇一一年に起きた抗議運動のなかで、マドリードのプエルタ・デル・ソルを占拠した学生らが発し、それが世界各地に受け継がれていった言葉でもある。情動の共有はこうしたところにも確認することができるだろう。

「この島の夜明け」
母さん、心配しないで
許せないことがあって、いまここを離れられないんだ
ごめんね、愛しい人
映画にいっしょに行けなくて
でも許してくれ、ここを離れられないんだ
僕らを倒そうとする奴らと戦わなければならないんだ
夜明けは近い
ここには人々がいる
僕らの夢を守るために
勇敢になったよ

夜が明けてきた
もう何も怖くない
今日がその日だ
今回は、僕が君を守る番だ
もう何日経ったか忘れてしまったけれど
心配しないで
分かるだろ
寒い冬が過ぎないと、花咲く日は来ない
夜が明けてきた
夜が　明けてきた
僕らは、ずっと勇敢になったよ
夜が明けてきた
大声で歌おう
希望の光が
島の人々を照らすまで
夜が明けてきた

大声で歌おう
光が照らす時には
家に帰ろう
夜が明けてきた
大声で歌おう
希望の光が
島の人々を照らすまで
夜が明けてきた
大声で歌おう
光が照らす時には
家に帰ろう
今日こそその日だ

（日本語訳はyou tubeのテロップを参照し、一部改変した）

青年

16 中継

CHIZBA

反黒箱をスローガンに掲げて始まった運動の、最初にして最大の成果は、議場内の様子が直後から中継され、それが最後の日まで続いたことである。メディアを使って、箱を透明にしただけでなく、中継するということ自体を見せようとした点でも画期的であった。今や携帯電話やＰＣに中継カメラと中継基地を組み込むことによって、個人がリアルタイムで動画を配信することが当たり前になっている。しかしそれは技術上の必要条件ではあっても、十分条件ではない。配信されている動画を見て、そこに写っているものが何なのかが理解できるような質的配慮がなければ、中継にはならない。ただ写っているだけなら監視カメラでも十分なはずだ。議場のなかにメディア部が設置され、また外部から動画サイトの中継部が入ってクオリティの高い映像を流したのは、その意味で重要な出来事だった。

中継は面白い環境を作り出す。学生側と総統府との話し合いがリアルタイムで議場にも中継され、それを見る学生たちの様子も中継されていた。その状況は、現実が合わせ鏡のなかで増幅するように、いくつも存在しうることを示している。それぞれのイメージに別のコメントをつければ、別の見方が生まれる。同じ中継映像でも、学生側がつけるコメントと、総統府側では正反対になる可能性もあるだろう。

言い換えれば中継の技術が一般化すればするほど、映像そのものの信用は揺らいでゆくということである。これはパラドクスのように見えるが、そうではない。複製技術についてまわる、基本的な問題なのだ。複製には間違いがつきものである。だが少々の間違いなら、同じと考えて差し支えない。複製にとって重要なことは、差異をどこまで許容するかにある。複製もまた変換の一種なのである。オリジナルとコピーの間で変換の幅が極小になるようにしなければならないのが、複製である。中継とはリアルタイムで行われる現実の複製技術だが、そこにも変換の幅は残されているわけである。

17 意見

When
dictatorship
is a fact,
revolution
becomes a right.

運動への参加者、支援者が増加するとともに、街路にはさまざまな文字が溢れ出ていった。ネット経由で取り交わされる言葉は路上では見えないが、もしそれが物質化されたならば都市は「文字通り」文字の洪水で沈没してしまうだろう。群衆は文字の群衆を生み出すからである。

大通りのアスファルトに白い紙が張りつけてある。これをしゃがみこんで読んでいる人が何人もいるので目を凝らしてみると、それはメールで寄せられた応援の声なのだった。その場所では主に日本から寄せられたメールがまとめてプリントされていたが、その多くが、東日本大震災の時にすぐに支援をしてくれた台湾

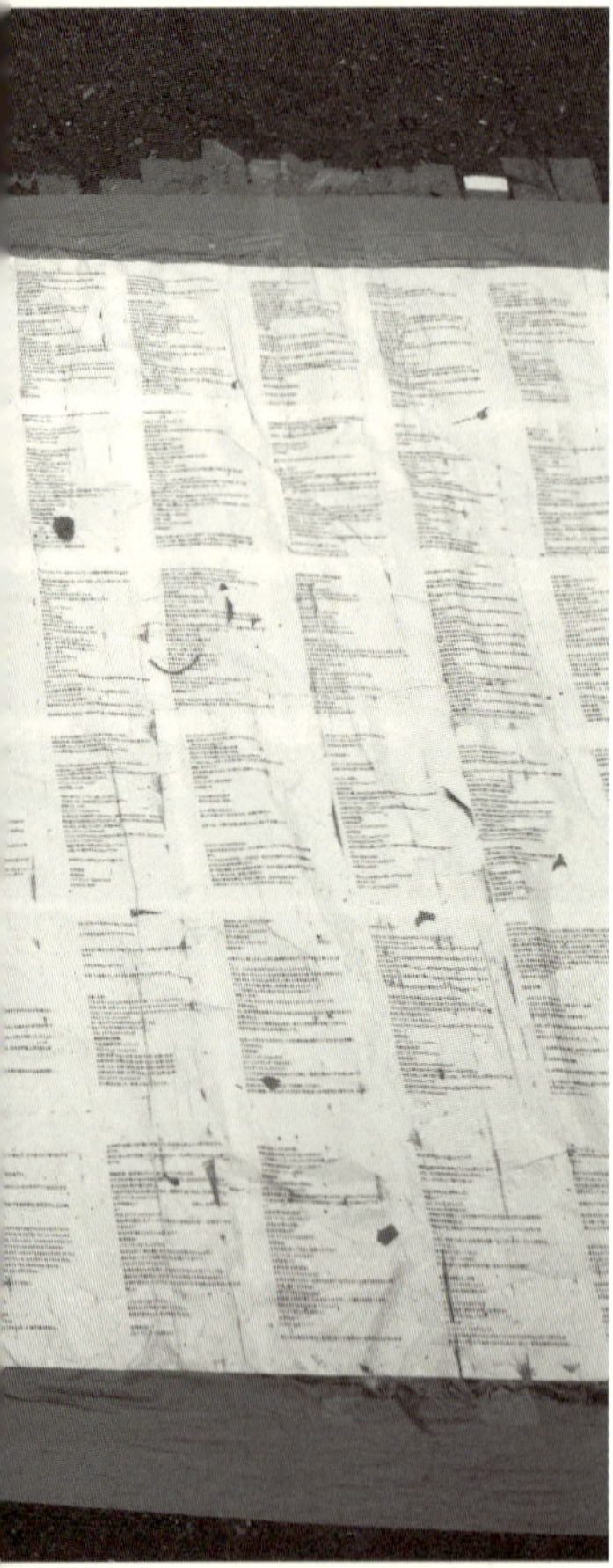

の人に、今度は日本から支援したいというメッセージだった。それが何十枚もの紙にプリントアウトされ、路上で読めるようになっている。携帯やPCのなかにあれば個人のものにとどまるが、それがすべて物質として可視化されれば、街路がそのまま掲示板になるということが分かる。

別の日には電光掲示板を掲げて歩いている人に出会った。店の看板などでよく見かける、デジタルで文字を表示するものだが、よく見るとひとつひとつの電球が妙な形をしている。飲料水などの空き缶を半分に切り、その中にＬＥＤ電球を取り付けて作ったものだった。看板を持っていた彼に聞くと、表示用の基板も自分で作ったもので、まさにＤＩＹの表示板なのである。

このような意見の表示が町中に溢れていて、それを発見し読んでゆくだけで、巨大なギャラリーのなかに迷い込んだような気分になってくる。ひとりひとりが言葉を見つけ、それを書いて貼るだけで、都市はひとつの「議場」になるのである。群衆の言葉はテレビ画面に映し出されるスローガンだけではない。言葉を物質にする工夫もまた、メッセージである。メディアはメッセージである。忘れていたマーシャル・マクルーハンの言葉が、台北の路上に浮かんできた。

18 写真

三月三〇日のデモに合わせ、ニューヨークタイムズの国際版に全面広告が掲載された。黒一色の紙面に二四日未明、警察に鎮圧される学生らの写真、「午前四時の民主主義」のコピーだけというシンプルだが、インパクトのあるものだった（23頁参照）。紙面下に小さく、掲載料が市民のドネーションで賄われたと書かれていた。「午前四時の民主主義」のコピーはすでにネット上で有名になっていたが、それがニューヨークタイムズに掲載されることで、国際的な読者層に訴えようとしたのである。写真の力はどのような文脈で共有されるかによって、その発揮のされかたも違ってくる。デモの翌日は台湾の日刊紙が特集ページを組んで、参加した人々の横顔をたくさん掲載していたが、視覚的な効果という点ではやはりニューヨークタイムズのほうがはるかに強力だった。

だが量的に言えば、もっとも多く共有されたのは参加者が自分の携帯電話で撮影した写真だろう。その膨大な数がそれぞれの携帯に保管されていることを思うと、最大のアーカイブは携帯だということになる。それが一か所に集められているのではなく、何十万の別々の場所に保管されているわけである。三〇日の夜に行われた群衆パフォーマンスは、その意味でも象徴的であった。全国で広場や通りに集まった群衆が、携帯に内蔵されているライトを一斉に照らしたのである。

まるでサーチライトで照らしたかのように明るくなり、驚かされる。無数のライトのひとつひとつが、そこに写真が内蔵されているというシグナルのように見えたのである。

もしかすると太陽花運動は史上もっとも多くの写真と長時間の映像が記録された運動になるかもしれない。問題はそれがどのような形で残されるか、である。分散型記録には限界がある。時間が経つにつれ、時間的空間的な秩序が曖昧になってくる。結果として一九世紀の革命などと同じような、概論的記述だけが残ることになるだろう。記憶は技術的な質や記録の量に比例して残るわけではない。あくまでそれを現実の文脈のなかに位置づけ、他の場所や他の時との関連性を明らかにするという、人間的な努力によってのみ残るであろう。

拒服貿
廢黑箱
請坐下

19 版画

同一線上

青空ギャラリーと化した青島東路の壁にひときわ目を引く作品があった。墨一色で刷られた版画である。手書きのイラストやコピーが並ぶなかで、一種異様な迫力をもっていたからである。彫刻刀に込められた力を感じさせる無骨な線と手彫り特有の文字。どこか別の時代から突然そこに転送されてきたかのような、不思議な存在感をだしている。

まっさきに脳裏に浮かんだのは「木刻画」と呼ばれる、中国で制作された木版画である。一九三〇年代に魯迅が主導したことで知られる木刻は、当時の抗日運動のなかで具体的な表現として花開いたが、これには内山嘉吉が上海で版画の技

13/53

術講習会を開いたこともきっかけになった。となると連想はつづき、魯迅に影響を与えたケーテ・コルヴィッツの作品が思い出されてくる。普仏戦争、第一次大戦、第二次大戦と激動の時代を、描くことで生き抜いたコルヴィッツの作品を、魯迅はアグネス・スメドレー経由で手に入れたと言われ、一九三六年には自ら『ケーテ・コルヴィッツ版画選集』を編纂し、それが中野重治へ贈られて日本でも一部に知られるようになる。ちなみにコルヴィッツの作品を所蔵している沖縄の佐喜真美術館は、先年北京でケーテ・コルヴィッツ展が開かれた際、版画作品を貸し出している。こうしたことが、次々に思い出されてきたのである。

手彫りの版画は現代のデジタルイメージとは、まるで正反対である。複製技術には違いないが、枚数は限られる。ネットで転送する写真とは違う。だが一九三〇年代から四〇年代にかけて、版画は抵抗する民衆の武器であり、治安維持法による弾圧下の日本でもコルヴィッツの作品が与えた勇気はけして小さなものではなかった。米軍基地に抵抗する沖縄の美術館にもそのパトスは共有され、さらに北京で展示されて中国の若い芸術家たちにも感銘を与える……イメージは意外な旅の仕方で力を発揮してゆくのである。

青島東路の版画をよく見ると、画像の端に鉛筆で数字が書かれていた。エディ

ションナンバーである。版画作品には必ず入っているものだが、つまりこれは作品として一枚一枚刷られ、そのまま路に貼りだされていたわけである。絵もよいが、ナンバーを入れることによってデジタルイメージとは別の流通と共有の方法を、意識的に提示している。力をそのまま版に刻む版画の身ぶりは健在であり、それが中継車やネット配信と何の不都合もなくいっしょに並んでいるところに、アートの底力があるだろう。

20 絡まり

快拍我！

占拠されることによって、街路の見えない次元が顕わになる。街路は今日、人やモノの流通のためだけの場所ではない。あらゆる種類の情報が流通し、それが人やモノの関係を変えるという現象が起きるだろう。公共空間は早晩「モノのインターネット」になるに違いない。特別な集積回路やデバイスを用意しなくても、バーコードやURLを記載したフライヤーを議場の壁や鉄条網に貼ることによって、場所と情報を連結する工夫がされていたが、コンピュータを介さずにモノどうしを直接結びつけるという発想も、それに含まれるものだろう。「モノのインターネット」は、モノがもつ関係性を拡大するはずである。議場と路上に見られる、物質と情報と人の絡まりあう状況はこれからのクリエイティブな環境を予言しているように思う。

抗議中

21 報民

報民
為何退回服貿？
如何捍衛民主？

「報民」は、三月三〇日のデモで配布するため、太陽花運動を支援する大学教授やアーティストらのグループによって急遽制作されたメディアである。彼らは運動が拡大しイシューが多様化するなかで、何が論点なのかを簡潔に示すことが重要と考えて、「サービス貿易協定」の問題点と要求をシンプルに解説した「新聞」を作った。二つ折の裏表四ページだが、一ページをめくると、見開きに大きな空白が現れる。裏の四面も白で新聞のような罫線はあるが記事はない。見出しは学生側が政府にたいして掲げた四つの要求になる。空間に何を読むのかは、「報民」を手にした者の想像力にかかっているわけである。シャープなデザインによる一

報民

種のメディアアートである。

二万部刷られたが、デモ当日にすぐに全部が配布された。代わりにpdfが「報民」のページからダウンロードできるようになっており、こちらはスマホで歩きながら読めるようにデザインされている。紙は中国語、ネット版は英語も制作され、後にわたしも手伝ってネット版の一部日本語バージョンも制作された。以下にオリジナル版と日本語版を収録する。

召開國是會議

我們要求召開國是會議，視之為憲政危機

ひまわり運動タイムライン

1895年、日清戦争での清の敗北により台湾は日本に割譲され、20世紀前半を通じて帝国主義日本に領有された。1945年、第二次世界大戦の終結により「光復」を迎えるが、中国共産党により大陸を追われた国民党が台湾を接収。東アジアの冷戦構造を背景に、台湾の戦後史は基本的に大陸中国との緊張関係を関数として展開し、20世紀の最後まで国民党政権が継続する。このような歴史を背景にした、ひまわり運動につながる学生の対抗運動の系譜をまず素描しておく。

1947年2月、中華民国憲兵隊による台湾人射殺、抗議のデモ隊への発砲に対して、全島人民が決起した「二・二八事件」が起こる。学生は武装抵抗もしつつ、国民党政府との交渉や治安の保持に活躍。事件は国民党軍により鎮圧されたが、社会主義の影響を受けた学生は内戦、貧困、政治体制に抗して弾圧反対運動を続けた。1949年4月には学生運動への弾圧である「四・六事件」が発生。その後、白色テロにより知識人、学生の声が圧殺される。

1963年、社会への無関心を批判し、社会活動に参加する「自覚運動」を学生が呼びかけるが、組織拡大で政府に警戒され、反乱罪で鎮圧される。1969年、釣魚台（尖閣諸島）の日本領有をアメリカが追認したことを契機に、学生による「保衛釣魚台」運動が台湾大学から全土のキャンパスに拡大、デモも行われた。当初愛国運動的色彩を帯びた運動は次第に政府批判に発展。また左派に転向する学生も出た。

１９７０年代前半、政府は学生を検挙し、また自由派教員を解雇する「台大哲学系事件」で運動を弾圧。社会的意識の強い学生は、学外で党外（国民「党」以「外」の政治勢力）運動を支援する。

１９８０年代、学生団体は大学民主化問題を取りあげ、反公害など社会運動への支援にも取り組んだ。１９８７年の戒厳令解除以降の民主化の進展と共に、学生団体の連携も強まる。

１９９０年の「野百合運動」では六千人の大学生が一週間の座り込み、また断食闘争を敢行、政治経済の改革を要求した。最終的に李登輝は学生の要求を受け入れる。

野百合運動以降、学生による運動は政治問題から社会問題に対象を移していく。１９９０年代前半は大学法修正運動をめぐる、学生の校務参加、軍事教育廃止などを課題として展開。１９９４年、不当退学に反対して文化大学で美術学部占拠。一方で、環境問題、農民連帯、原発など社会問題に取り組んでいた学生も少なくない。しかし、１９９７年の「菅芒花（ススキの花）学生運動」[1]および２００４年の「孤挺花（アマリリス）運動」[2]は、政治問題から社会問題への転換に失敗して終息。

２０００年以降、大学自治、反学費値上げ、反原発、楽生院保留など、さまざまな運動に学生が参加する。２００８年に、馬英九政権の集会弾圧を糾弾するため、「野草苺（野イチゴ／蛇苺）運動」が発生。敗退はしたが、これを契機に全国各大学で運動組織が大量結成され、また若い活動家も各運動に参加、連携が生まれる。ここにひまわり運動のひとつの基盤が形成された。

2000年　民進党代表陳水扁が総統選挙に当選し、中華民国（台湾）初の政権交代成る。

2008年5月　国民党代表馬英九が総統選挙に当選し、政権を奪還。

国民党名誉主席である呉伯雄が、与党党首として中国を訪問。胡錦濤中国共産党総書記との首脳会談。中華民国与党党首が中華人民共和国を訪問するのは国共内戦以来初。

6月12日　第一回江陳会談、北京にて開催。海峡両岸関係協会（中国側の窓口機関）会長陳雲林と、海峡交流基金会（台湾側の窓口機関）理事江丙坤が代表となり、両岸観光や直航チャーター運行に関する会談を開く。[3]

11月4日－6日　第二回江陳会談、台湾にて開催。「三通」すなわち両岸直航チャーター、海運、郵便などを商議。

11月6日　野イチゴ運動：学生による行政院前座り込み抗議。[4]江陳会談の会場である台北圓山大飯店周辺で、過剰な治安維持及び強制排除により市民に負傷者が出た事態に対して、集会の自由などを訴え、運動は2009年1月4日まで続く。その後はキャンパス内運動へと展開する。[5]

2010年6月29日　第五回江陳会談による協議を経て、「両岸経済協力枠組協議」（ECFA）が中国・重慶市で正式に締結。その第四条の内容は、「双方は、第八条規定による『サービス貿易におけるアーリーハーベスト』に基づき、本協議発効後、遅くとも六か月以内にサービス貿易協議についての協商を行い、速やかに完成させることに同意した」

２０１１年２月22日　ＥＣＦＡ両岸経済協力委員会の例会で、「サービス貿易」に関する協商が開始されると発表。

２０１２年７月25日　国家通訊伝播委員会ＮＣＣが条件付きで、「旺旺中時」という親中派メディア集団の「中嘉ネット買収案」を可決。それに対して、黄國昌などの学者が記者会見を開き、反対を訴える。記者会見以後、百名以上の学生と教師がＮＣＣ前で抗議。

８月９日　第八回江陳会談。陳雲林が両岸経済一体化は必要であると述べ、「両岸投資保障協議」及び「両岸税関協力協議」を締結し、「サービス貿易及びその摩擦緩和と解決」を次回の議題と決める。

９月１日　反メディア独占デモ：約百の民間団体、約一万人の市民が参加した。

11月26日　「旺旺中時」メディア集団が「ネクストメディア」を買収する契約が締結される。数百名の学生が行政院前に翌日まで座り込み抗議。11月29日には行政院「公平ビジネス委員会」前で千人以上の市民がデモを行った。「反メディア独占運動」が海外台湾人留学生からの応援を得る。12月31日から1月1日にかけて、総統府前でも千人以上のデモが行われた。

２０１３年２月20日　旺中買収案は、ＮＣＣの条件を満たさないため、失効となる。３月26

日、「旺旺中時」メディア集団が「ネクストメディア」を買収する契約が頓挫する。

2013年3月27日　国民党は党大会を開き、両岸サービス貿易についての議案を討議する。

6月20日　両岸サービス貿易協定締結前夜。

元中華民国国策顧問である郝明義（出版社社長）が「私たちには、もう二四時間しかない」という意見を表明。政府が当協定に関与する業界と協議せず、締結前夜に業者に「告知する」という形で済まそうとすることを批判。サービス貿易協定による両岸の出版、印刷業界開放は、同業界に衝撃的な影響を与え、危機をもたらすと述べる。サービス貿易協定に対して社会の関心が高まる。

6月21日　第九回両岸会談、サービス貿易協定を締結。[6]

6月25日　会派会議により立法院[7]による可決なしのサービス協定締結は無効であるとの結論を出す。

7月27日　「生存の権利を求め、ブラックボックスに反対！」全民大会：サービス貿易協定の臨時審査会に応じ、二〇以上の市民団体により凱道（総統府前の大通り）前で集会。

7月28日　民主団結の夜：サービス貿易協定の臨時審査会に応じ、二〇以上の市民団体が立法院前に集まり、「ブラックボックス反対、民主人権を守れ」

と訴える。

7月29日　立法院による臨時総会（第二次臨時審査会）：両岸サービス協定、第四原発公民投票案を7月30日の大会議案に入れる。

7月31日　立法院による「海峡両岸サービス貿易協定公聴会」臨時総会。

全国各大学学生が「立法院占領、未来を取り戻せ！　青年反服貿行動」を自主的に結成。立法院前で黒色島国青年陣線（全国学生連盟）による学生デモが行われ、産業別の公聴会開催を促す。

9月6日　九月政争：中華民国総統馬英九と立法院院長王金平の間の政治闘争。

9月30日　黒色島国青年陣線による全国学生抗議：内政委員会委員長張慶忠がサービス貿易協定公聴会を開く。三日間で八回の公聴会を計画していることに対して、黒色島国青年陣線が「駆け込み公聴会を停止せよ、ブラックボックス協定を撤回せよ」と要求。

10月9日　総統府前で黒色島国青年陣線による学生デモが行われ、10日朝、警察との衝突が起こったが、政府側は反応なし。

12月中旬　反黒箱服貿民主陣線（反サービス貿易協定フロントライン）や台灣守護民主平台（台湾民主を守るプラットフォーム）などの団体が記者会見を開く。

民進党籍党員が台湾と中国の協定作業監視の法律制定を促す。

2014年3月12日－13日

市民団体が総統府前ケタガラン大道前に集まり、政府に対して要求を突きつける：「反黒箱、要監督、顧飯碗、要重談」（ブラックボックスを止め、審査を求め、生計を守れ、交渉やり直せ）など、アピールを明確化。

立法院で国民党員が二度にわたるボイコット：議案にあったサービス貿易協定の審査は、国民党のボイコットによって審議停止。17日、19日、20日に再び審査会議を開催することを議案に入れる。

馬英九がライオンズクラブの会談でＦＴＡの重要性について述べる。ニュージーランドのＦＴＡ加入の例を挙げ、協定を結んでも台湾への衝撃は小さいと強調。

3月14日

▼台湾新三宝その一、馬英九の鹿茸《ろくじょう》、馬卡茸《マカロン》事件：馬英九がニュージーランド産業について言及した際に「鹿茸《ろくじょう》は、鹿の耳の中にある毛」と失言した。この発言がネット上で広がり、「馬卡茸」（まるで馬は耳に毛が詰まっているように市民の声を聞かない）という、「マカロン」に引っかけた馬英九を揶揄するネタが作られる。

3月17日

立法院審査会議：内政委員会委員長張慶忠が審査中に自ら用意するマイクを使い、「委員会での審査が三か月を超えたので、立法院職権行使法六一条の規定により、サービス貿易協定は審査終了と見なす」と、わずか三〇秒で会議の決議を宣言する。[8]

3月18日
夜6時
野党は立法院でサービス貿易協定の問題に対して、議案をボイコット。
反黒箱服貿民主陣線が立法院前で記者会見を開く。
「守護民主之夜」（民主を守る夜）という名で民衆に呼びかける。

夜9時
百名以上の市民が立法院ゲートを三つ突破し、立法院占拠。会場の門に椅子を積み重ね、警察の立ち入りに抵抗する。
▼18日夜、ある謎の人物がひまわりを立法院に送り、場内にいたある人物が何気なくそれを議場の演壇に置いた。その後、318運動家たちがこのひまわりで飾られた演壇で発言する映像が多くのメディアに流れ、さらに多くのひまわりが送られた。またこの運動の精神をひまわり精神と呼ぶようになった。

3月19日
市民が相次ぎ立法院に集まる。

夜明け前3時
警察側は突入を一旦停止。

夜明け4時
市民が「立法院」と書いてある額を取り外す。

3月20日
立法院を占拠している活動家が総統馬英九、立法院院長王金平に最終通告をする。21日昼12時前の回答を要求。

午後3時
立法院周囲に「街頭民主教室」（路上民主教室）が始まる。

3月21日
馬総統は副総統呉敦義、立法院院長王金平、行政院院長江宜樺との首脳会議を開く予定でいたが、王院長の出席拒否により開催できず。

2014年3月22日
その後も、馬総統は運動側の最終通告に応じない。

行政院院長江宜樺は立法院で学生に会い、立法院外で運動側代表の林飛帆と会談。運動側の要求に対し、「(反対の)前提を取り下げれば会談できる」と答え、結論を見ぬまま会談が終わる。運動側は馬総統による回答を引き続き求める。

3月23日
午後1時
馬総統が海外メディア向けの記者会見を行い、サービス貿易協定の必要性と利点を強調、立法院占拠行為は反民主主義であると非難。

運動側は新たに四つの要求を提出。「一、サービス貿易協定の差し戻し並びに監督条例制定後の再審議、二、対中協議締結に関する監督条例の制定、三、公民憲政会議の招集、四、与野党議員が国民の要求を受け入れた上での法案成立の承認」。民進党は支持の立場を表明する。国民党は運動側が反対の立場にこだわらなければ対話をする用意があると呼びかける。

国立中山大学社会学部はストライキの投票を行い、全学部統一ストライキを可決する。ひまわり運動において最初の学生ストライキ。

夜7時
一部の活動家により行政院が占拠される。行政院に千名の活動家が立ち入り、周辺にも六千人ほどが取り囲み支援。

3月24日
午前0時から、警察は強制排除に乗りだし、放水車や機動隊が六回出動、朝までに完全排除される。大量の負傷者を出し、数十人が逮捕される。

台湾大学、政治大学など大学による「自主ストライキ」が呼びかけられ、数十校の自治会が参加する。

国会群賢ビル九階でサービス貿易審査会議が開かれるが、国民党所属議員の全員欠席により、17日の決議の無効を議決する。午後に立法院会派会議を開いたが、結論は出ず。

▼黒に塗りつぶしたフェイスブックの写真‥行政院での強制排除で流血事件が発生した後、哀悼の意を表し、フェイスブックのプロフィール写真を黒色に変える。その真ん中に白い台湾マークが残り、希望を失わぬ意味を表す。

▼台湾新三宝その二、蕭家淇の太陽餅‥行政院占拠の後、委員がオフィスへ戻り部屋を点検。その際に、副秘書長蕭家淇が「私の太陽餅《タイヤンピン》（台湾特産の焼き菓子）が食べられてしまった」と文句を言った。その後、一般市民が宅配で約三千の太陽餅を注文し、蕭家淇のオフィスに「倍返し」した。だが、蕭家淇は「もし市民たちに余裕があるなら、福祉団体に送ってくれ」と発言。

3月25日

会派会議を再開したが、相変わらず結論は出ず。馬総統は、前提なし

2014年3月26日

で総統府で学生代表の声を聞きたいと表明するが、運動側は「馬総統が会派会議に介入した以上、誠意は見られない」と拒否。

▼台湾新三宝その三、邱毅のバナナ：前国民党籍議員である邱毅が、中国中央テレビ番組「海峡両岸」に出演し、不鮮明な立法院院内の写真を指差しながらこう言った。「你看，一大堆的香蕉。很明顯的。後來我查得很清楚，這些香蕉就是民進黨的黨團送進來的。」（ほら見てください、明らかに大量のバナナです。私がよく調べてみたところこのバナナは、民進党集団が送ったものです）。しかしその演壇にある黄色いものはバナナではなく318運動のシンボル・ひまわりであることで、様々な皮肉が作られ話題になった。したがって台湾土産の鹿茸、太陽餅、バナナは、政治家に取り挙げられることで話題を集めた。

暴力排除の非難に対し、行政院は記者会見で「24日の強制排除は非暴力的な行動」と反論。

▼元台湾大学学長である傅斯年の生誕一一八周年に因んで学生が大学構内で記念イベントを開き、傅斯年の名言を用いた看板が多く掲げられる。彼の学長時に「四六事件」[9]という学生運動への大検挙が発生し、当時の警官司令部長官にこう言った「我有一個請求，你今天晚上驅離學生時，不能流血，若有學生流血，我要跟你拚命。」（176頁参照。私は一つ頼

みがある。今晩学生を強制排除、逮捕する時に、血を流すな！　学生の誰かに怪我をさせたら、私は命をかけてもあんたをやっつける）この言葉は3月24日の流血事件にこそふさわしいものだった。

3月27日 午後3時

三回目の会派会議を行ったが、相変わらず結論は出ず。

記者会見で運動側は3月30日の凱道（総統府前の大通り）デモを呼び掛ける。

▼台湾パンクバンド滅火器樂團（FIRE EX.）と台湾芸術大学有志者によって楽曲《島嶼天光 Island Sunrise》が立法院前で公開される。3月30日MVを公開。

3月29日

馬総統は記者会見で、国民党版対中協議締結に関する監督条例に賛成を表明。しかし協定そのものの撤回は否定。

3月30日

総統府周辺で大集会。規模は、主催者発表で五〇万人、警察発表では一一・六万人である。馬総統は集会が平和裡に行われたことを賞賛したが、早く立法院を市民に返せと呼び掛ける。

台湾で行われる大型デモに応じ、海外合計二十か国・五〇以上の都市で民主支援活動が行われる。

3月31日

行政院は「公民憲政会議」の代わりに、産業界の要請に応じるため「経済貿易会議」を開くことにしたと公表。

2014年4月1日
協定支持派の暴力団首脳「白狼」張安樂、二千人を集め国会周辺でデモ。

▼Over my dead body：暴力団体が立法院を占拠すると発言したことに対応して、野党党員が手を繋いで立法院周囲で「人の壁」を作る。その後、党員の王世監が「ギャングが立法院に入るなら、まず私の死体を踏み超えてから！ Over my dead body!」と発言した。パンクバンドによってこの発言のリミックスが作られ、ネットで広がる。

4月2日
「賤民解放区」が立ち上がる：議場内少数リーダー中心の運動パターンに反対するため、濟南路（立法院周辺の道路）の公共トイレの傍で、ノンセクト活動家による「公共トイレ解放フォーラム」が行われる。直接民主主義を奉じ、参加者の投票により議論の主題を決める。参加者が投票すれば最後まで参加する義務があり、すべての意見を尊重すべきというルールを定める。テーマは協定反対だけでなく、自由貿易と中国からの影響も含まれる。

4月3日
行政院は「対中協議締結に関する監督条例」を可決し、立法院に送る。

4月5日
運動側は「人民議会」を開き、市民たちにより政府と民間版の監督条例を「審査」する。結果を意見書で公表。

4月6日
王院長は議場に入り、監督条例を法律化しなければ協定に関する会派会議を開かないという立場を表明。その後、国民党会派はこの立場を支持しないと表明。

4月7日

立法院占拠の活動家が10日に立法院から退去することを決定。

大腸花ゴミ話フォーラム：退去を決める時、立法院周辺に（「太陽花」を皮肉る）「大腸花フォーラム」を開催し、誰でも自分の気持ちを自由に発表することができる場が作られ、4月10日まで続く。長引く運動でのストレスが発散され、またジェンダー、少数民族、外国人や環境問題など、様々な議論が浮き彫りになった。

▼「台湾独立＝叛乱」の時代に台湾独立を主張する「一〇〇％言論自由」を求め、一九八九年に自分を逮捕しようとする警察の目前で焼身自殺した活動家・鄭南榕の命日。大腸花フォーラムという一〇〇％言論の自由のある場所では「台湾独立」を主張する若者がほとんどだった。鄭南榕が世を去る前の言葉：「剰下的就是你們的事了」（残りは、あんたたちの戦いだ）が喚起された場でもあった。

4月10日

学生運動家代表が「人民議会意見書」を発表した後、主要団体（黒色島国青年陣線、農村陣線、教授協会など）が立法院から退去。しかし「公投護台湾連盟」[10]は完全撤退はせず。

同時に議場の二階に「奴工（奴隷として使われる労働者）」を自称したノンセクト活動家たちも、退去は全員の合意と言えないと主張し、運動の議決のやり方を批判する。批判の意思表示に、二階から自分たちの宣言文を配布し、階段ではなくハシゴを使って窓から退去する。

行政院による中国との「自由経済区域（FTZ）」会議が開かれる。

2014年4月11日 朝、ひまわり運動への協力のせいで公投護台湾連盟の集会許可が警察により取り消され、強制排除される。その後、警察長官は議会で「憲法違反でも今後当連盟の集会を一切許可しない」と発言する。市民は連盟の協力と精神に感銘を受け、ネットで「連盟の集会権を返せ！　長官は謝罪しろ」とデモを呼びかけ、夜、警察署は二〇〇〇人に囲まれ、長官は謝罪、決定も撤回する。

4月16日 「民主を守れ、石虎（ベンガルヤマネコ）を守れ」デモが環保署（環境省）にて行われる。

4月21日 護樹連盟による「木を守れデモ」が建設中の台北ドームにて行われる。

4月22日 民進党の元党首、林義雄（七二歳）が、台北市に隣接する新北市に建設中の「第四原子力発電所」の廃止などを訴え、教会で無期限断食を始める。その教会は一九八〇年に政治犯の林が勾留されたとき、娘と母が殺害された（犯人は現在まで分かっていないが、政府関係者だと思われている）旧居である。

4月24日 第四原発の建設は国民で決めようと、公投護台湾連盟が呼びかける。

4月26日　二日連続反原発デモ：「NO NUKE NOW反原発駅伝」が総統府周辺にて行われる。参加者は約七千人。
▼チェルノブイリ原発事故発生の日。

4月27日　二日連続反原発デモ：総統府周辺で「十萬連署 衝破鳥籠公投」（十万人の署名による公民投票で、籠の鳥から抜けだそう）とアピールする反原発大集会が行われる。デモ行進の途中で、二万人のデモ隊が突然に警備を突破し、台北駅前の大通り（忠孝西路）を占拠する。
夜、馬総統は国民党地方県市長との会談で第四原発の「建設停止」を決議するが、反原発団体が「建設停止は一時的なものに過ぎない。建設廃止はほど遠い」と反発し、占拠を続ける。

4月28日　朝、警察が機動隊と放水車で占拠者を強制排除する。けがをした市民多数。

4月30日　「建設停止で、もう市民の行動力は十分見させてもらった」と宣言し林義雄、無期限断食を中止。

5月1日　ウクライナの学生がひまわり運動を支援する映画をアップロード。

5月3日　「割闌尾」（盲腸を切ろう）国会議員罷免運動が発足。闌尾（盲腸）は切ってもよい無用臓器であり、また中国語発音は、「爛尾」（悪い国会議員）と似ている。ネット投票で協定審査をめぐって民意に反している国会議員を選ぶことができ、罷免活動、議員事務所へのデモなどの活動を展開している。

2014年5月18日　一部が立法院占拠活動家による組織、島国前進Taiwan March 発足。

5月25日　高雄にて公民憲政会議：サービス貿易協定以外にも、自由経済区域条約問題を議題にして開催。

6月13日　立法院臨時会議で両岸三大案を再審査：サービス貿易協定、両岸監督条例、自由経済区域を審査する。

6月25−27日　中国国務院台湾事務弁公室主任張志軍が台湾訪問。これは主任という官僚身分での初の台湾訪問である。

ブラックボックス協定に反対するデモ（黒色島国陣線による人肉鎖錬（ヒューマンチェーン）通交阻止デモ、汁粉抗議、ペンキ投げ抗議など）が多発。デモにより、張志軍は当日の訪問をキャンセルし、帰国。

6月28日　香港7月1日デモに参加する予定の陳為廷が香港入国を拒否される。

6月29日　台湾環境保護連盟による第四原発建設に関する公民投票案が否決される。

8月22日　以降現在に至るまで、様々な民間団体が設立され、互いに絡み合いながら進行する。

（台湾大学許仁碩、早稲田大学鍾宜庭、早稲田大学何時宜により共同作成）

1 1997年5月、学生組織は治安問題に対する市民デモの盛り上がりに乗じて座り込みを実行。内閣退陣要求とジェンダー問題のどちらにフォーカスするかで分裂し、五日間で終息した。

2 2004年4月に発生した、総統選挙不正の疑いに対する10人未満の学生による座り込み。社会問題に取り組む学生運動組織が介入を図ったが、国民党支持者により拒否された。

3 両岸とは台湾海峡の両岸にある中国（中国大陸）と台湾を示す。

4 中華民国行政機関、内閣に相当する。

5 ひまわり運動で知られる陳為廷、林飛帆もこの運動に参加。

6 本来の江陳会談は、双方の理事が相次いで辞任することで、林中森（台湾側）と陳徳銘（中国側）が代表となる。従って林陳会談とも言う。

7 中華民国の立法機関、日本の国会に相当する。

8 一般的には会議中に発言権を得て座席にある固定式マイクを使う。張慶忠が自らポータブルミニマイクを用意して発言したことは「三〇秒伝説」になった。

9 1948年から翌年にかけて、台湾で発生した国民党政府による大規模な学生弾圧事件。

10 台湾独立を主張し、集会を規制する法律と公民投票法の改正を訴え、何年も立法院座り込み抗議を行う団体。年長者が多い。

謝辞

本書には、太陽花運動に際して行った撮影、取材、インタビューだけでなく、それ以降に台湾と日本で行った対談、報告会、展覧会、ラウンドテーブルなどにより得られた、多くの交流が反映されている。特に龔卓軍や頼志盛をはじめとする「報民」のメンバーからは台北での制作過程とその後台南で開催された展覧会とシンポジウム「絶対不純粋」を通して、現代芸術との深い関わりや東アジアにおける運動という視角を得た。また台北では三月三〇日に台湾の作家の方々に集まっていただき、デモの熱気のなかで貴重な意見を聞くことができた。日本では東京のギャラリーＰＬＡＣＥ Ｍで展覧会とラウンドテーブルを開き、その後の展開についても教えられた。以上のイベントでは呂孟恂氏に通訳と翻訳で助けられた。また巻末の詳細なタイムラインは何時宜、許仁碩、鍾宜庭氏に作成していただいた。内容の責任はすべて著者にあるが、これら多くの方々の協力がなければ成立しなかったことを記して、心からの感謝の言葉にかえたい。

龔卓軍　賴志盛　陳怡潔　何采柔　吳梓寧　黃衵智　游適任　江洋輝　黃怡婷　王柏偉
高俊宏　廖建忠　稲葉真以　陳劍青　李俊峰　金江　金潤煥
小野　吳明益　胡淑雯　鴻鴻　伊格言　日星鑄字行・張介冠
李鳳嬌　李鳳新　呂孟恂　周芝羽　陳佾均
張照堂
李家驊　林欣怡　秦雅君　曾房英　羅文岑　李基宏　張恩滿
三木学　丸川哲史　池田剛介　何時宜　永原康史　陳思婷　瀬戸正人　明石健五
小倉礼子　許仁碩　鍾宜庭　丸山哲郎
絕對空間（台南）　齁空間（台南）　PLACE M（新宿）　週刊読書人
SHADOW TIMES

港千尋　Minato Chihiro
1960年神奈川県生まれ．映像人類学，写真家．多摩美術大学情報デザイン学科教授．2007年，ヴェネチア・ビエンナーレ日本館コミッショナー，2012年台北ビエンナーレの協同キュレーションを行う．2014年，あいちトリエンナーレ 2016芸術監督に就任．

主な著書・写真集
『太平洋の迷宮――キャプテン・クックの冒険』（リブロポート，1988）
『群衆論――20世紀ピクチャーセオリー』（リブロポート，1991／ちくま学芸文庫，2002）
『考える皮膚』（青土社，1993）
『波と耳飾り』（写真集，新潮社，1994）
『明日、広場で――ヨーロッパ 1989-1994』（写真集，新潮社，1995）
『注視者の日記』（みすず書房，1995）
『記憶――「創造」と「想起」の力』（講談社，1996，サントリー学芸賞）
『映像論――〈光の世紀〉から〈記憶の世紀〉へ』（日本放送出版協会，1998）
『写真という出来事――クロニクル 1988-1994』（フォトプラネット，1998）
『遠心力――冒険者たちのコスモロジー』（白水社，2000）
『自然　まだ見ぬ記憶へ』（NTT 出版，2000）
『予兆としての写真――映像原論』（岩波書店，2000）
『瞬間の山――形態創出と聖性』（写真集，インスクリプト，2001）
『第三の眼――デジタル時代の想像力』（廣済堂出版，2001／新編，せりか書房，2009）
『洞窟へ――心とイメージのアルケオロジー』（せりか書房，2001）
『影絵の戦い――9・11以降のイメージ空間』（岩波書店，2005）
『In-between 2 France, Greece』（写真集，EU Japan Fest，2005）
『文字の母たち　Le Voyage Typographique』（写真集，インスクリプト，2007）
『レヴィ＝ストロースの庭』（NTT 出版，2008）
『書物の変――グーグルベルグの時代』（せりか書房，2010）
『パリを歩く』（NTT 出版，2011）
『掌の縄文』（写真集，羽鳥書店，2012）
『芸術回帰論――イメージは世界をつなぐ』（平凡社新書，2012）
『ヴォイドへの旅――空虚の創造力について』（青土社，2012）

革命のつくり方

台湾ひまわり運動——対抗運動の創造性

港千尋

2014年10月10日 初版第1刷発行

発行者 丸山哲郎

装 幀 間村俊一

発行所 株式会社インスクリプト

〒101-0051 東京都千代田区神田神保町1-40

tel: 03-5217-4686 fax: 03-5217-4715

info@inscript.co.jp

http://www.inscript.co.jp

印刷・製本 中央精版印刷株式会社

ISBN978-4-900997-48-6

Printed in Japan